日々のはじめのひと時

人と人との交わり
だからこそ，日々心の中で「人
み言葉をとおして「まことの
イエス・キリストと出会
その日を生き抜く力が

久野牧の本

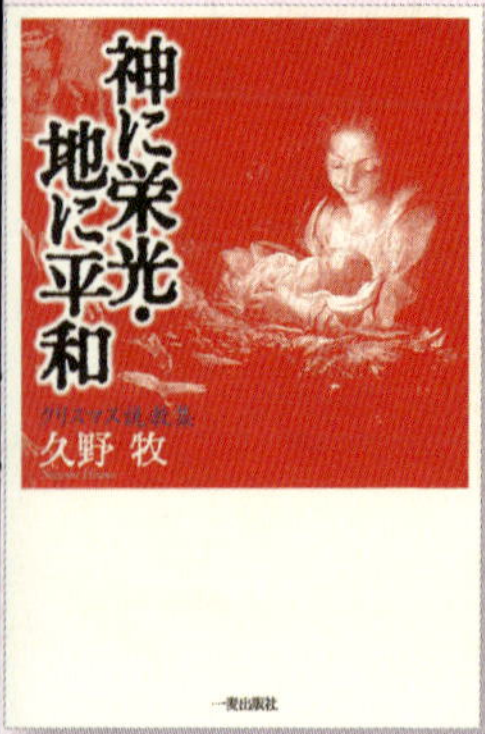

神に栄光　地に平和
―― クリスマス説教集

神の御子イエス・キリストの誕生は，わたしたちの新しい誕生のとき．それは喜びの知らせを聞くことからはじまる．神からの慰めの言葉は今も新しく響く．

四六判　定価（本体3,200+税）円
ISBN978-4-900666-53-5

講解説教
ガラテヤの信徒への手紙 フィレモンへの手紙

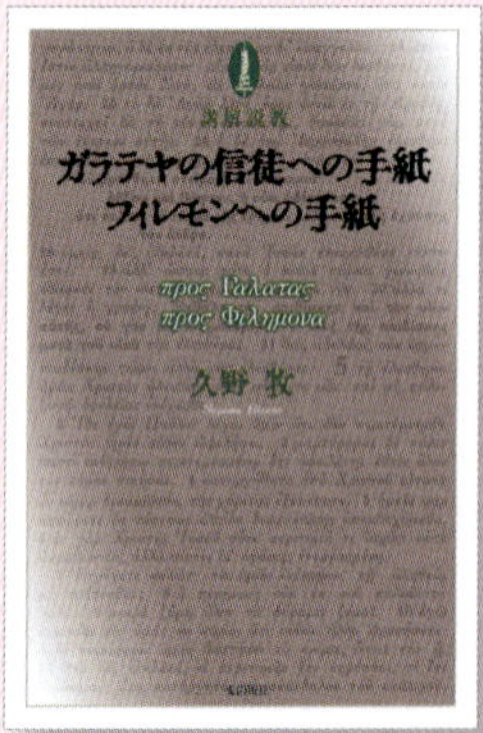

教会の危機は，教会の内から生じてくることが多い．うすめられた福音や異なる福音によっては教会は立たない，とパウロは強く訴えている．信仰に生きる者たちの関係性と，信仰に生きることの自由と服従を説き明かす．

四六判　定価（本体3,800+税）円
ISBN978-4-900666-86-3

イエス・キリストの 系図の中の女性たち

の「黙想」の伴侶に！

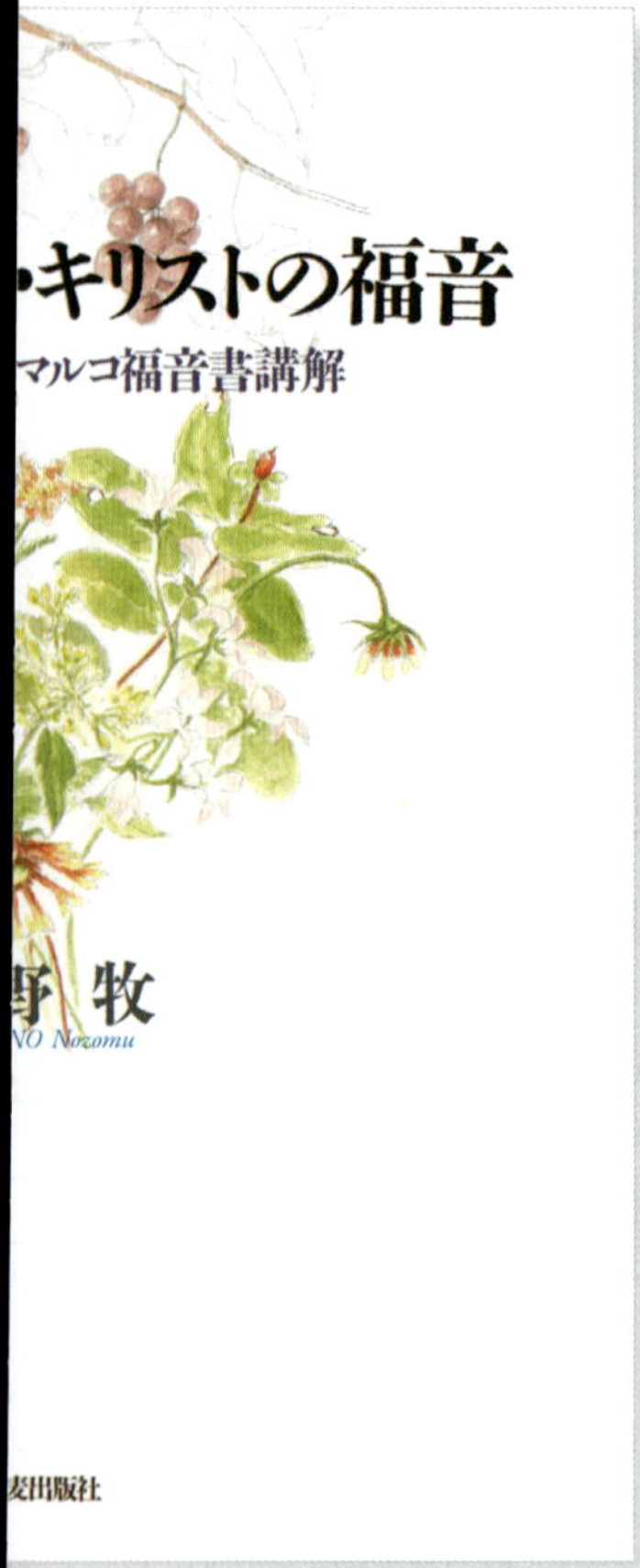

困難な時代である．
離れた所」（マルコ 1：35）に行き，
」であり「まことの人」である
交わりのときをもちたい．
ず与えられるに違いない．

新 安心して絶望できる人生

「当事者研究」という世界

向谷地生良
浦河べてるの家

一麦出版社

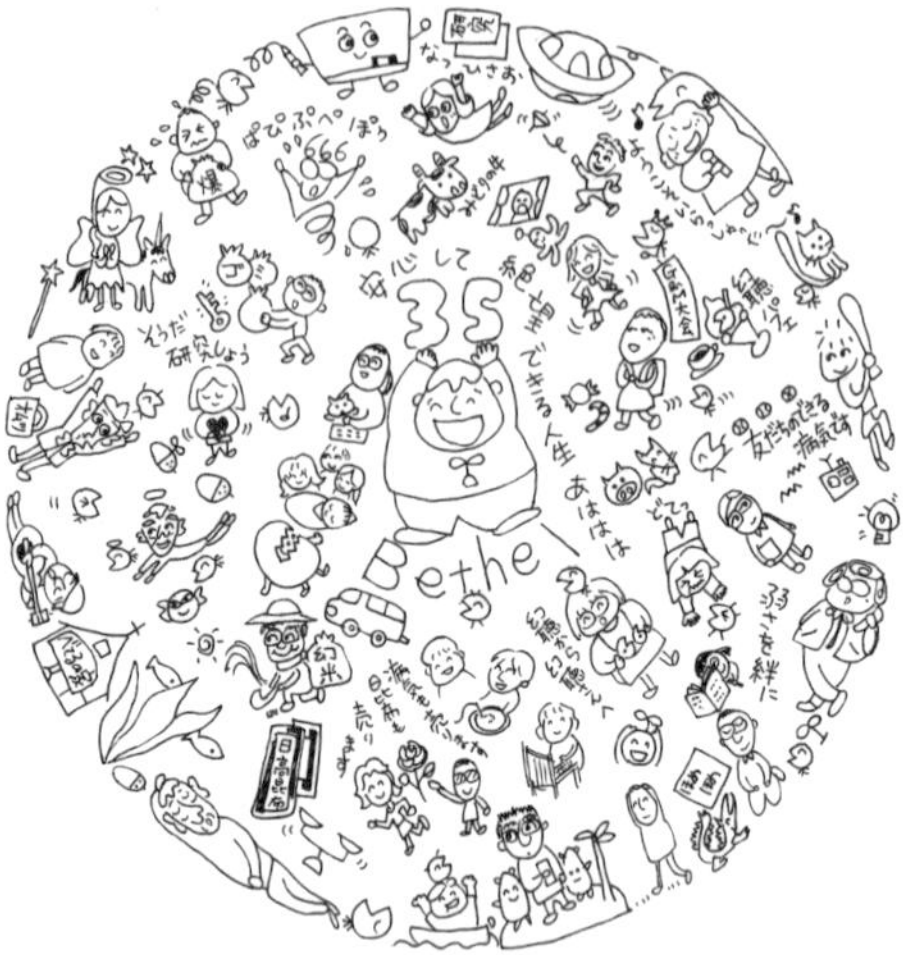

Soli Deo Gloria

まえがき

浦河では「当事者研究」という活動が盛んです。二〇〇一年にはじまった「当事者研究」は、統合失調症や依存症などをかかえる若者たちが、仲間や関係者とともに、病気とのつきあいも含めた自らの生活上の苦労を「自分の研究者」になったつもりで考え、そのメカニズムを解き明かし、そこから生み出した「知」を日常の暮らしに役立てようとする試みで、現在は、国内はもとより海外（特に韓国）にも広がり、世界的にも注目を集めるようになりました。

その当事者研究は、定番の幻覚や妄想部門、家族も含めた人間関係部門、仕事、恋愛などさまざまな領域の経験や苦労を研究テーマに研究活動に取り組み、その成果を社会に発信してきました。その一つが、看護の専門雑誌への連載（「精神看護」医学書院）です。連載した当事者研究は、すでに二〇〇五年に『べてるの家の当事者研究』（医学書院）で一冊の本にまとめて出版されています。この本は、二〇〇六年にその続編とも言える形で出版されたものを、このたび、さらにお全面的に見直し書き下ろしたものです。

この「当事者研究」という実践活動に貫かれている理念が「降りていく生きかた」であり、今回の本のタイトルになった「安心して絶望できる人生」です。それは、幸せとは無縁で、ずっと行き詰まりや苦労の多い人生でも、にもかかわらず〝機嫌よく生きていこう〟という「浦河べてるの家」（以下べてる）の歩みの中から培ってきた生きかたと暮らしかたを表したものです。

ここに「自分の研究者（リサーチャー）」として登場する一人ひとりがかかえた悩みや苦労は、向き合うだけでも、辛くなるような出来事ばかりです。しかし、病気や人間関係も含めた生活上の苦労が解消しても、依然として私たちには「老い」を含めた「生きる」というあたりまえの苦労が待っています。それは『夜と霧』（みすず書房）で

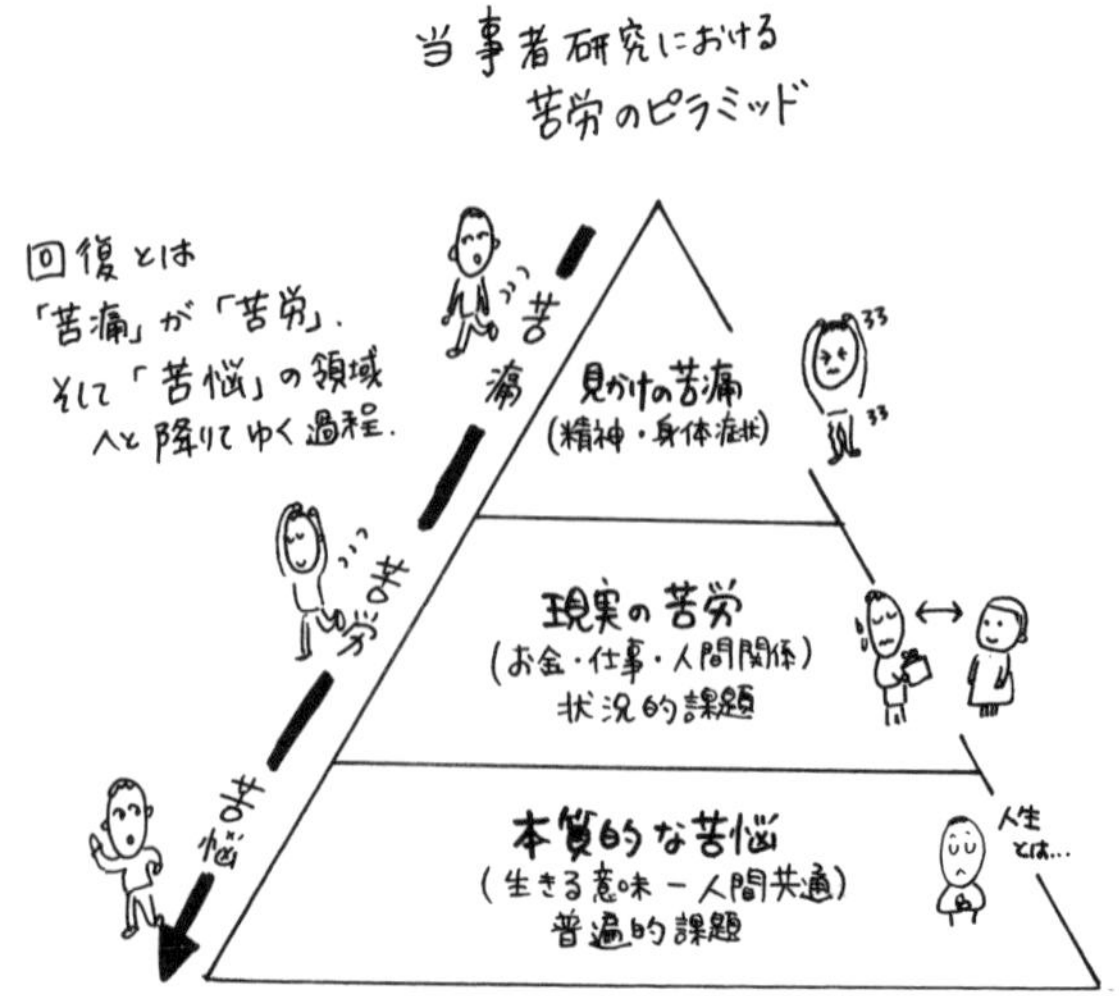

知られた精神科医Ｖ・フランクルが人間を「ホモパティエンス（Homo patience）―苦悩する人間」と言ったのとも共通しています。四十年を超えるソーシャルワーカーとしての私の経験を振り返っても、一番厄介だったのがそのような日々を生きなければならない「自分とのつきあい」でした。その経験から生まれたワーカーマインドが「一番つきあいの難しいクライエントは私である」という深い自己理解です。

その意味では、精神障がいとは、そのような生きる苦労が究極に〝煮詰まった〟状態――苦悩の最大化――と言えます。しかし、当事者研究の活動をとおして学んだのが、苦痛であった「病気」が、現実の「苦労」に変わり、そして、避けて通ることのできない「苦悩」の領域に、みんなで「降りていく生きかた」の中に、〝人生の回復〟があるということです。

「研究する」という〝降りかた〟によって、私たちの日常はこころを躍らせる未知の世界への冒険や探検に変わるのです。そして、前作や、この本をとおして、誰もが「自分の研究者、専門家」となって、身近な人たちと日常の体験や出来事に「研究者」の眼差しをもって関心を寄せ、共に暮らしやすい場を創っていこうとする人たちのつながりが、国の内外におきることを願っています。

まえがき　3

第一部　自分自身で、共に――弱さを絆に、苦労を取り戻す　13

一、「当事者研究」までのプロローグ　14
二、べてるの家の「当事者研究」　46
三、さあ、はじめよう！「当事者研究」　66

第二部　「弱さの情報公開」をはじめよう――「当事者研究」の実際　75

「べてる菌感染症の研究」　76
「〝劇場型〟統合失調症」の研究――小泉さん幻聴と霞ヶ関の仲間たち　80
「〝人格障害〟の研究」　92
「〝人格障害〟の研究　その二　見捨てられ不安の研究――〝嫌われショウコの〟一生」　107

「人間アレルギー症候群の研究――第一弾　居場所を求めて九千キロ」 119
「人間アレルギー症候群の研究――第二弾　回復へのプロセス」 129
「〝サトラレ〟の研究――〝サトラレ〟から〝サトラセ〟へ」 141
「起業の研究――虚しさガールズの起業物語――第一報」 150
「救急車の乗りかたの研究」 164
「どうにも止まらない涙の研究」 177

第三部　苦労や悩みが人をつなげる
座談会「当事者研究の可能性」 188
対談「安心して絶望できる人生」 211

あとがき 228

〈べてるとは〉

べてるの家は 1978年 日赤病院の精神科を退院した回復者2・3名が教会の片隅で牧師夫人協力のもとに昆布作業をしたのが始まりです。今では精神病ばかりでなく、いろいろな障害をもった人が多数活動しています。

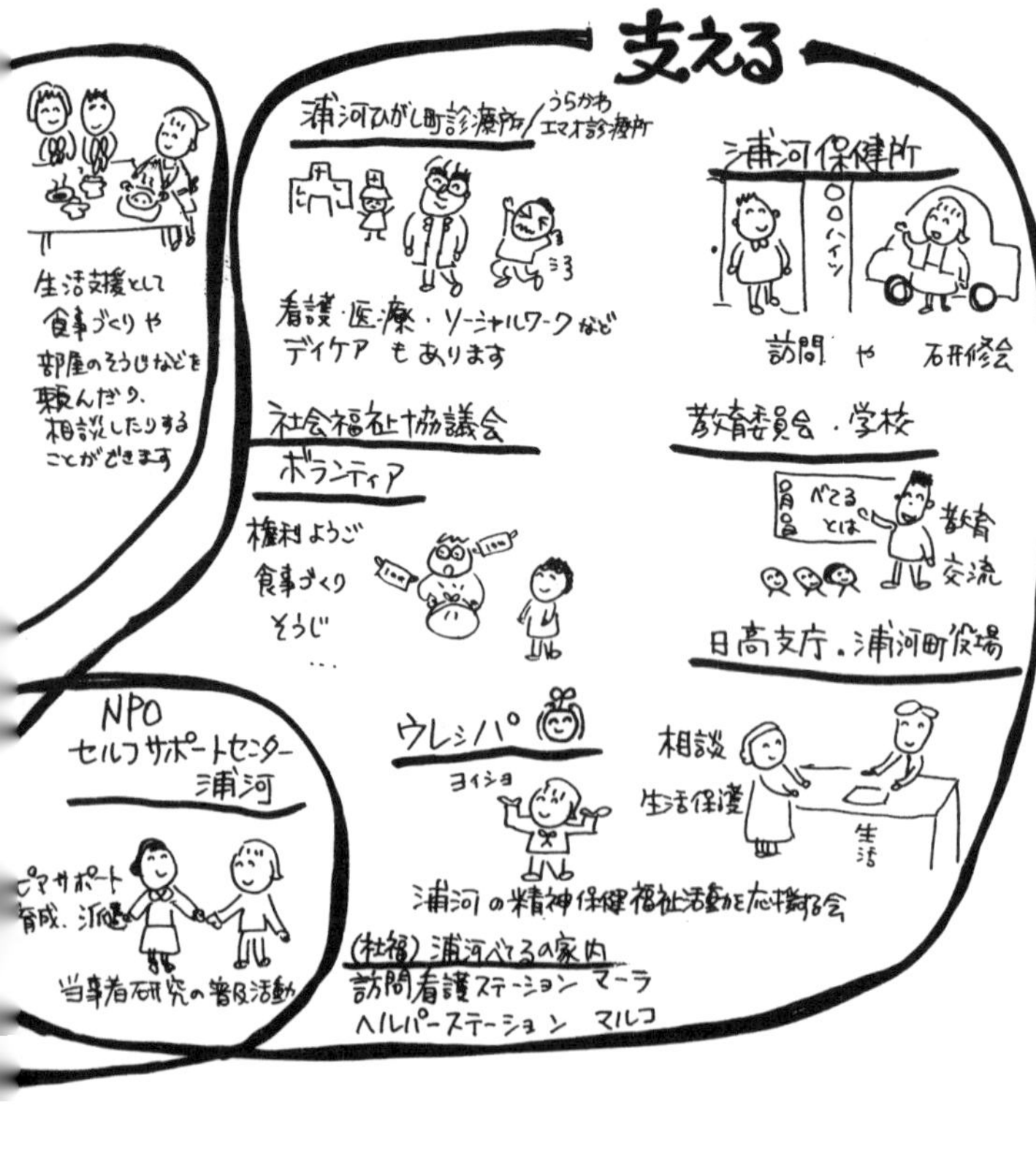

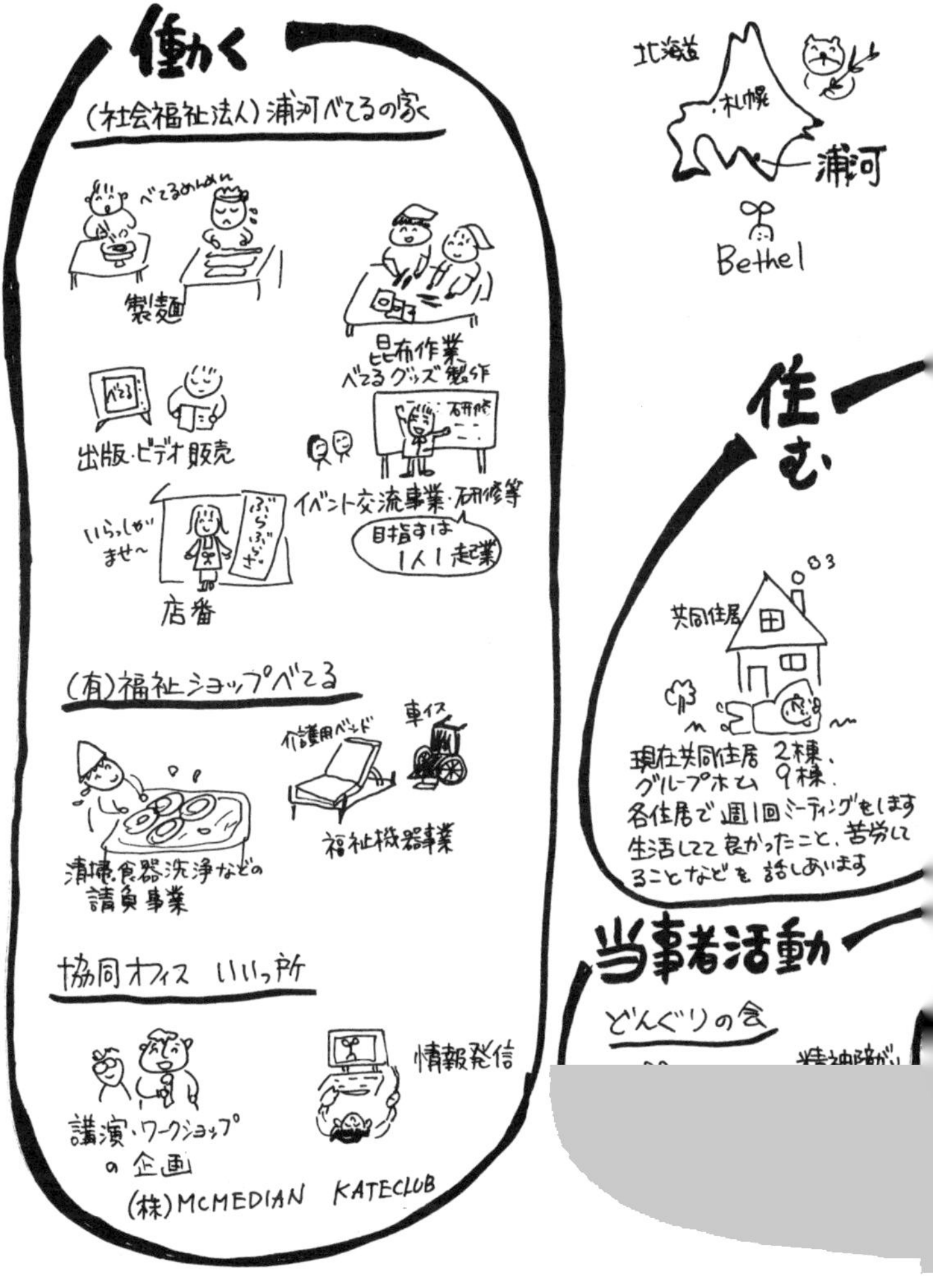
働く
(社会福祉法人)浦河べてるの家
べてるめんめん
製麺
昆布作業
べてるグッズ製作
べてる
研修
出版・ビデオ販売
イベント交流事業・研修等
目指すは
1人1起業
いらっしゃいませ〜
ぶらぶらざ
店番
(有)福祉ショップべてる
介護用ベッド
車イス
福祉機器事業
清掃・食器洗浄などの
請負事業
協同オフィス いいっ所
情報発信
講演・ワークショップ
の企画
(株)MCMEDIAN KATECLUB
北海道
札幌
浦河
Bethel
住む
共同住居
現在共同住居 2棟、
グループホーム 9棟。
各住居で週1回ミーティングをします
生活してて良かったこと、苦労してることなどを話しあいます
当事者活動
どんぐりの会

〈自分を助けるプログラム〉

べてるでは、自分を助けるプログラムがたくさんあります。

苦労は人生の大切な宝物。そこに自分を助けるヒントがあります

向谷地氏

金曜ミーティング

毎週金曜日にします。一週間の体調と気分、良かったことを1人1人語ります。「苦労人コーナー」では自分の苦労を語り、同じような苦労経験者からアドバイスをもらいます。

体調は夜ねむれなかったので疲れています。気分はまあまあ。良かったことは、仕事に毎日でてこられたことです。

当事者研究

精神科の病気を抱えながら、爆発をくり返したり幻聴さんにジャックされたりして色々なエピソードが起きてしまったとき、「研究」という切り口で楽しく仲間とそのメカニズムを考えたり対処方法を研究したりします。「研究」のためには「実験」が欠かせません。その成果を検証する機会と実際に応用する技術が必要ですが、その意味で、当事者の日常とは実に数多くの「問い」にみちた実験の場です。

この研究で大切なことは「問い」という営みを獲得することです!!

OK?

SST（ソーシャルスキルトレーニング）

（生活技能訓練・認知行動療法）

生活や病気、その背後にある認知や感情の苦労を課題としてあげ、ロールプレイを使いながらコミュニケーションの練習をする場です。

練習した人

練習の良かった所は?

リーダー

大きな声できまやすかったよ

参加者の正のフィードバックが大切です

SA（スキゾフレニクス アノニマス）

統合失調症の仲間たちのミーティング。「回復への8ステップ」を使い、自分の気持ちを話す場。

「まかせること」SAサブステップもあります。

幻聴ミーティング

幻聴で苦労しているメンバーがその状況や対処方法を仲間と話し合い、幻聴の研究をします

幻聴さん

バーカ

他にも「三度の飯よりミーティング」という理念にあるようにたくさんのミーティングがあります．「あじさいクラブ」（子育てミーティング）「朝ミーティング」（毎朝1時間 体調気分働く時間の申告）ハートミーティング、カップルミーティング（恋愛αミーティング）「経営ミーティング」「就労ミーティング」「ケース会議」「グループホームミーティング」「カンファレンス」など…。

＜理念集＞

- 三度の飯よりミーティング
- 安心してさぼれる職場づくり
- 自分でつけよう自分の病名
- 幻聴から幻聴さんへ
- そのまんまがいいみたい

- 弱さを絆に
- 場の力を信じる
- 手を動かすより口を動かせ
- それで順調

- 弱さの情報公開
- 利益のないところを大切に
- 偏見差別大歓迎
- 昇る人生から降りる人生
- 苦労を取り戻す

第一部　自分自身で、共に——弱さを絆に、苦労を取り戻す

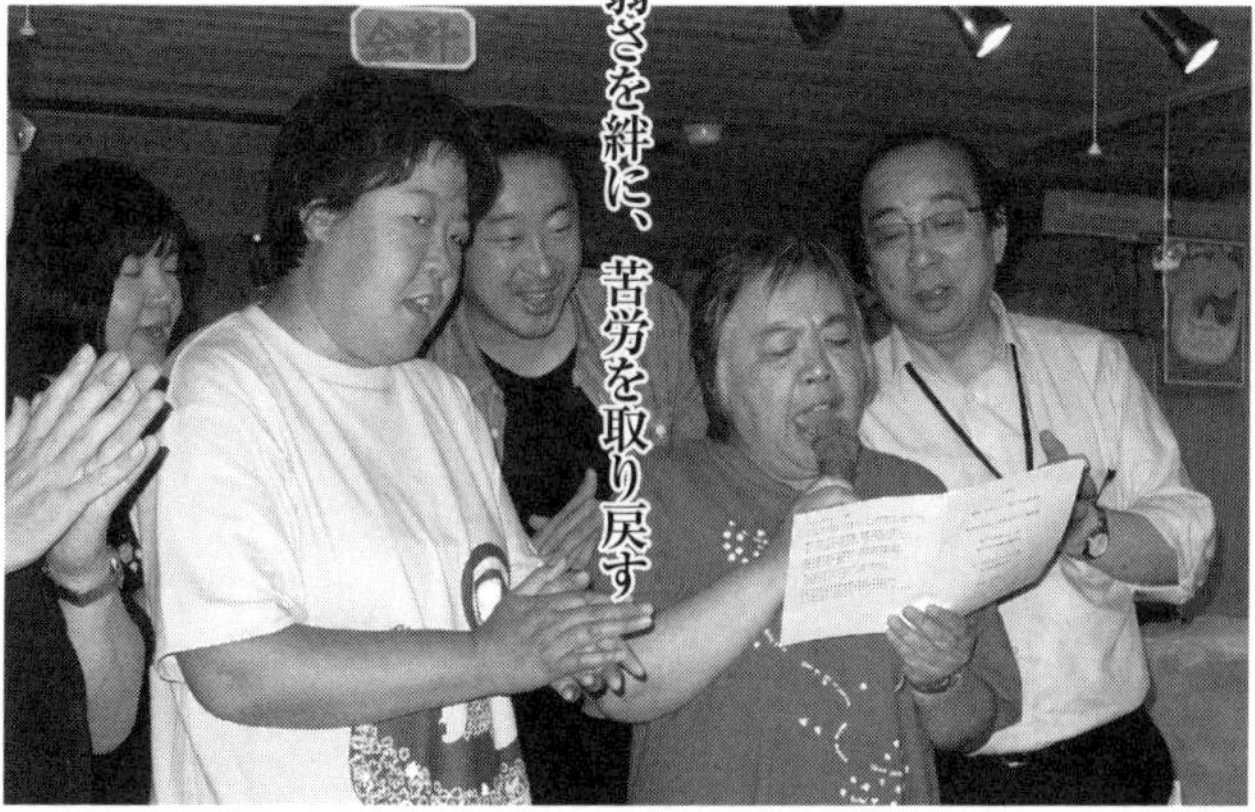

向谷地生良

一、「当事者研究」までのプロローグ

「当事者研究」発祥の地、浦河の紹介

浦河町は、北海道の東南にある襟裳岬の近くにある太平洋に面した人口一万二千人あまり（二〇一八年現在、二〇〇六年時一万六千人）の町です。厳しい寒さをイメージする北海道の中では比較的温暖な気候で、地域の特産物としては、日高昆布とサラブレッドなど競走馬の育成が盛んです。最近は、「脱競走馬」ということで、夏いちごなどの園芸作物の栽培にも力を入れはじめています。そして、隠れ名物と言えるものが「べてるの家」だと言う人もいます。

この浦河の町から「当事者研究」という自助活動が生まれて、全国はもとより海外にも広がり、特に韓国からは毎月のように視察者が絶えません。第三の産業ともいわれる公共事業も、予算が削減され、産業構造の転換が遅れている北海道は、なかなか不況の波から抜け出すことができず、地域の過疎化も加速度的に進む中で、浦河町も漁業資源の枯渇や競走馬の売り上げ不振、公務員削減や事業所の整理統合の嵐が吹き荒れ、ますます人口減に拍車がかかるという状況にあります。

特にバブルが崩壊してから、日高の地域経済は、半分近くに縮小したという話も聞きます。

そのことからもわかるように、いわゆる障がいをかかえた人たちの社会復帰というテーマは、決して病院や専門機関が一人の障がい者を一定の期間に訓練や治療を施し、回復させて地域に戻すというような単純なものではありません。特に、精神障がいをかかえた人たちの場合は、「病気」であると同時に「障がい」をかかえているという困難さとともにスティグマ――誤解や偏見の問題があります。特に、一九七〇年代にはじまった精神障がいをもつ当事者の自助活動にルーツをもつべてるの取り組みは「この街で暮らして一番惨めなことは七病棟――精神科病棟――に入院すること」という厳しい現実の中からはじまりました。しかも、精神医療の施策自体が、治療や社会復帰を支援すること以上に、精神科病院における療養という名の合法的な長期収容を良しとする現状の中で、精神障がいをかかえた当事者が地域の中で生き抜くということは、まさしく八方塞がりの状況にありました。つまり、浦河という地域には、他の地域にはない、実にさまざまな困難が地域全体に満ち溢れていました。

しかし、見方を変えるならば、入院していようが、退院していようが、病気をかかえた当事者自身も、一人の町民として地域のかかえる課題に対して病気や障がいを体験した一人の当事者として、保護されるばかりではなく、役割をもち、貢献できる機会や場を創り出すことが大切になってきます。これは、民主主義の大原則であり、エンパワメントの面からも欠くことのできない大切な視点でもあります。精神障がいを体験した一人の町民としてこの町のためにできることを模索しようというのが、一九七八年七月に活動を開始した回復者クラブ「どんぐりの会」のめざす理念でした。そこには、精神障がいをかかえる当事者の体験の中には、地域住民が学ぶべき市民としての有用な人生経験、生活や地域の情報が集積されているという信念がありました。

しかし、当時の私たちには、この地域で具体的に何をなしうるかまったく検討がつきませんでした。しかし、精神障がいをかかえた当事者のみの社会復帰ではなく、「地域全体の回復」のために何ができるかという志が私たちに与えられていました。そのための模索が始まりました。それは、浦河という地域で生き抜こうとする私たちに大きなテーマが与えられたことを意味します。浦河という地域は、その意味で、私たちに多くの「課題」を与えてくれました。地域がかかえる「課題」と精神障がいという最も深刻な困難を経験した当事者自身の生きるための「課題」が一つになったとき、そこに、新しい出会いが生み出され、知恵を創出する契機になるのです。だから私たちは、言ってきました。「過疎も捨てたもんじゃない」と。

べてる、それは言葉を生み出す場

浦河で暮らしていると、他では一般的に使わないようなユニークな会話が飛びかうことが多いことに気がつきます。「自分の行き詰まりに手ごたえを感じる」「この困りかたは、いい線をいっているね」「悩みかたのセンスがよくなってきた」「自分の悩みや不安に誇りを感じる」「最近、落ちかたがうまいね」「あきらめかたが上手くなってきた」「悩みの多さに自信が出てきた」「病気のスジがいいね」などの不思議なメッセージが、日常的な会話の中に行きかうのです。

その中に、共通しているのは、生活上のリスクを軽減して、不安や悩みを回避して生きることが、決して安心をもたらさないという精神障がいの体験をとおして学んだ経験知です。子ども頃から、私たちは、知らず知らずのうちに、勉強をして、いい成績を取って、健康に気をつけて、交通事故に合わないようにと、リスクを回避することが、自ずと将来の安心を獲得できる暮らしかたであるような感覚を植え付けられてきました。その意味で言うならば、それから外れた人生は、すべて失敗と挫折の人生ということになります。

私は学生時代に難病問題に取り組んでいました。何万人に一人の割合で発生する希少難病は、治療できる専門の医師や圧倒的な情報量の少なさから、孤立しがちです。当時は、医療と福祉の谷間の問題と言われていました。そんな難病をかかえる市民が、連帯して患者会を結成し、医療や福祉の向上に取り組む運動をしていました。私は、その事務局にボランティアとして出入りをしていました。その活動の中で知った私と同じ年の難病をかかえる青年に石川正一さんがいました。ご自身、筋ジストロフィーをかかえながら、さまざまな活動を展開されていました。その彼の著作に『たとえ僕に明日はなくとも』（立風書房）があります。その中にこんな父と子の会話場面があります。


「お父さん、恐いから聞くんじゃないよ。お父さん、僕はどのくらい生きられるの……？　正直に教えて欲しいんだ」

「そうだな……正一、二十歳くらいかな……」

「そうか、二十歳か……」

「でも、人生は長さじゃないよ。どう生きたかなんだよ」

「そうだね、元気だと思って、突然事故でなくなる人もいる。しかし、自分は、ちゃんと生きられる時間の長さがわかっている。僕は何と幸運なんだろう」


つまり、この会話の中に示された場面では、リスクの回避の人生とは正反対の生きかたの選択がなされているのです。統合失調症の「サトラレ――自分の考えが多くの人たちに伝わっていると感じる症状」に苦しみ、七年間の引きこもり生活を余儀なくされた経験をもつべてるの家のスタッフである清水里香さんも、著作『べてるの家の当事者研究』（医学書院）の中で、こう述べています。

……苦労の多い現実の世界から居場所を失い、具体的な人とのつながりが見えなくなるにつれて「幻聴の世界」は、何処よりも実感のこもった住み心地のいい刺激に満ちた「現実」になる。それは、辛い抜け出したい現実であっても、何にも代えがたく抜け出しにくい「事実」の世界だった。

したがって、このテーマは、決して精神科医に頼んで「被害妄想という症状を治してもらう」という単純なものではない。それは、被害妄想をかかえた自分が「幻聴の世界」で生きることを選ぶのか、それともこの生々しい現実の世界で生きることを選ぶのかという「選択の仕方」なのだと考えるからである。つまり、幻聴は私たちに時としてさまざまな不快で辛い体験をもたらすが、一方では依存している部分もあるからである。私たちは、単純な被害妄想の被害者ではない。そこで私たちが常に問われていることは「どの悩みを生きるのか」という選択なのである……。

そして、「選択された悩み」は、決してそのままその人をさらなる不安や絶望に導くわけではありません。それは「生きる時間がわかる」という幸いにもつながるのです。清水さんは、生きることの虚しさからの逃げ場所として「被害妄想」という世界はあったと言っています。しかし、いまは、統合失調症をかかえて生きるという想像もしなかった人生が、求めても得られることの無かった人生の足場となって自分の暮らしを支えていると言っています。まさしく「病気に助けられた」人生なのです。別な箇所で石川さんは「生きるということは、自分を知ること……」とも言っています。精神障がいをかかえて生きる苦労をくり返す当事者を見ていると、その最大のテーマが「自分を知ること」において生じるジレンマにあることがわかります。その「自分を知る作業」というのは、想像以上に苦しさを伴います。自分を知る作業がはじまるのは、いわゆる「思春期」です。

伊藤整が小説『青春』（新潮文庫）で、「人の生涯のうち、一番美しくあるべき青春の季節はおのずから最も生きるにむずかしい季節である。……生命を失うか、真実を失うかせずにそこを切り抜ける人間は少ないであろう」と著したように、子どもから大人へと脱皮する「青春」という人生の季節は、人間に与えられた大切な通過儀礼のような誰しもが通らなければならない〝自然の営み〟であったはずです。しかし、私たちはいつのまにか「青春」が内包する〝愚かさ〟や〝混沌〟がもつ可能性を排し、いつの間にか「逸脱」や「病理」の世界として括り、問題視するようになってきました。

先日、男子高校生から相談を受けました。「医師から統合失調症と診断されて車の免許も、働くこともあきらめなさいと言われたけれど、納得がいかない」というのです。いわゆる発症は、中学一年生の頃だと言います。間近にせまった定期試験への不安や家族関係の軋轢をかかえながらの時期だったと言います。彼は「試験は、自信がないな」などと自分と向き合うようになり、「自分と話し合うこと」を覚えたと言います。そして、同時に眠れなくなったのです。イライラが高じると、家族ともぶつかり合うことが多くなってきます。母親に暴力を振るったこともあったようです。そんなことが重なり、家族ともども精神科を受診、まもなく彼は当時の「精神分裂病」と診断され、服薬を開始しました。

ところが、薬を飲み始めると眠気とだるさで集中力がなくなり、勉強は、ますます遅れ始め「俺は、病気じゃない」と言い張る彼と、主治医の見解との間で板ばさみになる親との間で、対立がくり返されてきました。私は、彼に聞きました。「なぜ、自分は病気じゃないということがわかるの」と。すると彼は「自分で、自分の状態をよく観察して、文献を探したら、保健体育の教科書の中に〝自我の芽生え〟という言葉を見つけたんです。自分は、これだと思ったんです……」。私は、彼の言葉を聞いてすっかり感心してしまいました。「そうか、病気じゃなくて、思春期におきるあたりまえの苦労だということに気がついたんだね。君は、すごい才能をもっているよ。浦河じゃ、君のような人を、悩みかたのセンスがいい人って言うんだよ。べてるの新人オーディションだったら間違いなく〝ドラフト一位〟だよ」。そう言うと「ほんとに、そうですか！　僕はじめて人に誉められました！　うれしいです」。電話の向こうの、彼のはじけるような笑顔が目に浮かびました。そして、彼には、「人間が偉大なのは、自分が悲惨だと知っている点において偉大なのである」というパスカルの言葉をプレゼントしました。

彼は、自分という人間と人生のかかえる「悲惨さ」の入口に立ったのですが、中に入ることを許されず、ずっと悶々としてきたのです。いま、彼は、遅ればせながらも、正々堂々と歩き始めたような気がします。

自傷の時代の中で

私がソーシャルワーカーとしての駆け出しの頃（一九七八年）はまったく見ることがなかったにもかかわらず、その後、〝雨後の筍〟のように急増したものにリストカットなどの〝自傷行為〟があります。その意味で、いまは自分自身を守る砦である「自分」を傷つけ、壊すことをやめられない「自傷の時代」と言っても過言ではありません。しかも、それを抑制しようとすると、ますます止まらなくなり、さらに精神に変調をきたしてしまう。それを見ていると、何かものすごい出口を失ったエネルギーが人そのものを掻き回しているようにも見えます。

以前、全国ニュースになりましたが、本州のある高校の生徒が同級生を刺してしまうという事件がありました。逮捕された生徒が、関係者に話した言葉の中に「自分の中にもう一人の自分がいて、その自分を抑えられなかった」と話しているという報道がありました。もし、それが本当だとしたら、彼はひどい事件を起こしてしまったというよりも「やらされてしまった」ということができます。実は、大阪府の小学校で起きた多数の小学生の殺傷事件を起こした犯人が、死刑を宣告され、処刑される直前に臨床心理士に語った数少ない言葉の中に「事件を起こしているときに自分は、こころの中でだれか俺を止めてくれ！　と叫んでいた。先生がたに羽交い締めにされたとき、もう子どもを殺さなくて済むと思ってほっとした」という内容の言葉を残していたことが、新聞記事になって出ていました。死刑直前の彼の言葉が、もし、偽りのない言葉だとしたら、彼も、自分ではコントロールできないもう一人の自分に「させられてしまった」ということになります。浦河では、そのような生きづらさを「自分のコントロール障害」と言っています。そう考えると、先の二人は「最もやりたくないことをやらされてしまった」という意味で、彼らも「一人の犠牲者だ」ということもできるし、それを、単純に個人の人格的な問題のみに片付けることのできない、奥深さをもっているといえます。そういう意味で、本来は、助け合い、守るべき家族や人と人との関係の中に、虐待も含めて「自傷的なコミュニケーション」が入り込むようになり、それが、人の健康や命までも脅かしはじめています。

そんな中で浦河では、「自分のコントロール障害」を標榜するメンバーが、研究班を立ち上げています。その活動から「喧嘩のしかた」「起業の研究」「人間アレルギーの研究」がはじまっています。その研究成果が、生き辛さに満ちたいまの社会に向けて、新たな可能性をもったメッセージとして発信されはじめています。

弱さを絆に

そういう中で、精神障がい等をかかえる当事者の地域活動拠点ともいうべきべてるが多方面から、関心をもたれるのには、一つの時代背景があるように思います。しかも、その関心のもたれかたも、少し変わっています。というのは、べてるをはじめとする浦河という地域は、北海道でも過疎地にあり、地域的にもさまざまな「悪条件」に囲まれた地域だからです。その浦河が多くの関係者から注目される理由は、精神障がいをはじめとするさまざまな障がいをもった人が、病気や障がいを克服し、いきいきと暮らしている理想の場所だからではありません。むしろ、べてるの家のキャッチフレーズにもあるように、「今日も、明日も、あさっても、順調に問題だらけ……」と言い放つほど、いろいろな苦労が起きてきます。障がいをかかえた当事者たちが、どんどん地域へ出ていって、家庭を作り、子育てにも挑戦しはじめています。もちろん、家族や関係者の中には、「子どもを育てることは無理だ」という最もな意見が大勢を占める中で、「遠慮なくどんどん結婚すればいいよ。子どももできればいいよね」と言い続けてきました。「もし虐待したらどうする？」と言われても、「虐待することも恐れるな」と言ってきました。そんなことでいま、浦河は続々カップルが誕生して、運動会ができるほどに子どもの数が増えました。もちろん、ギャンブル依存症のあるメンバーは、〝順調〟に子どもをほったらかしにしてパチンコに行くというスリップした状態にもなります。しかし、だから、家庭をもつことを諦めるのではなく、SOSをさえ出す力があれば、十分に生きていけると私たちは考えています。そんな、当事者の貢献？　によって、浦河は児童虐待ネットワークの活動も、とても活発な地域になりました。つまり、そのような「問題」を起こさないことよりも、相談する力を身につけることと、浦河流の言いかたをすると「弱さの情報公開」が、地域の中で、生き抜く大切な条件となるのです。

世は「個人情報保護法」の時代です。しかし、個人のもつ情報の中で秘匿すべき情報はごく一部で、ほとんどが地域で暮らす一人の市民としての有用な生活体験として共有すべき大切な情報なのです。ですから、早くから、浦河ではそこに着目して「弱さの情報公開——困った体験、失敗の体験、苦労の体験の公開」を提唱してきました。「弱さ」という情報は、公開されることによって、人をつなぎ、助け合いをその場にもたらします。その意味で、「弱さの情報公開」は、連携やネットワークの基本となるものなのです。それを、プライバシーとして秘匿してしまうことによって、人はつながることを止め、孤立し、反面、生きづらさが増すのです。

苦労を取り戻す

もう一つ、べてるの家が大切にしてきた生きかたの一つに「苦労を取り戻す」ということがあります。私は、精神科の専属ソーシャルワーカーとして仕事をはじめたときに、入退院をくり返す若者たちと出会ったとき、最初に思ったことは、統合失調症をかかえる当事者の苦しみは、病気を背負ったこと以上に「本来の自分らしい苦労を奪われている」ことだと思いました。人に心配され、保護され、管理される人生ではなく、自分らしい苦労が全うされる人生を取り戻すには、どうしたらいいだろうと考えたときに、商売をするのが浦河の街で一番苦労できることだと思いました。過疎化が進む街の中で、地元の商店街も、事業所もみんな苦労をしています。その、地域の苦労の輪の中に入ることが一つの可能性として見えてきました。

少し、話はそれますが、私自身の「苦労」の元をたどると、実は私が北海道へ来て学生生活をはじめるにあたって親に一番最初に頼んだのは「仕送りをとめてくれ」ということでした。仕送りを断って、仕事をしながら自活して、ちょっとサバイバルな人生を過ごしてみたいという思いがそれを決断させました。そんな、ちょっと変わった学生でした。私自身の「苦労」というコンセプトは、子育てにも顕れています。私は自分の子どもに、親としてどういうメッセージを発してきたかというと「今という時代と、向谷地家に生まれてきた不幸」についてです。「幸せだと思ったら大間違い、現代という時代に生まれたこと自体に、目に見えない不幸を背負っているということを忘れちゃだめだぞ」と言い続けてきました。私が、生まれ育った戦後の高度成長の時代とは、違った危機と困難が子どもたち、一人ひとりの足元にあるのだということを、伝えてきました。成熟した社会の中で人は、目に見える成長と発展という目標を見失い「何が大切か」ではなく、「気持ちの良さ」を基準に人は行動し、自分や社会の現実から逃避的な暮らしかたを選択し始めているように思います。そんな時代の中で、私は「もし、お父さんが、子どもの立場で、いまという時代を生きなければならないとしたら、まったく自信がない」ということと「だから、みんなは、すごいなと感心している」と正直に話しました。この思いは、いまでも変わりません。そんな中で、長女が、高校進学をひかえて進路の選択を迫られたときに「苦労の多い方を選びたい」と言い出したとき、順調に「苦労」の伝統が受け継がれているような気がしました。これは、私の中では、一つの「子育て」という実験の中での出来事だと考えています。この結果は、きっと子どもたちが出してくれるでしょう。そして、子どもが、今度、親になったときに、この一連の「研究」は、さらにその子どもに引き継がれるとおもしろいと思っています。

それと同様に、精神障がいをかかえる当事者たちと一緒に活動する中で一番大事にしてきたのは、苦労することでした。「苦労」に直面すると、人は、誰かに相談したり、打ち合わせをすることが多くなります。ストレスで、体調を崩すと、周囲の人たちが心配し、病院へ行くことを勧めてくれたりもします。特に商売はそうです。物を売って、そこから利益を得て生活するということは、まさに人とつながっていなければ適わないことです。いまから二十数年前に、浦河という過疎の町で私たちは起業し、日高昆布の産直に取り組み、介護用品の会社を起こして、トータルで年間一億円以上のお金を動かすまでになりました。利益はほとんどありませんが、それでも、それだけのお金を動かし、年間延べ二五〇〇人の人たちの足を浦河という地域に運ばせているという意味では、多少なりとも、地域経済の活性化に貢献できていると思います。

そんな、起業という苦労の伝統の中に加わった、一番新しい起業のメンバーが「むじゅん社」です。自称、「人間アレルギー症候群」を標榜する四人の女性メンバーが興した会社です。人と接することに最も弱点をかかえた女性メンバーが、最も人との関わりを必要とする会社を作ったというのが、おもしろいところです。その四人も、子どもの頃から安心のない家庭環境の中で育つ中で、人が信じられなくなり、時には、自傷行為に及んでしまう経験をもっている人、毎日が虚しくて、いつも死ぬことばかり考えていた人、三分間という時間をもらったら、すぐボーイフレンドを見つけてくる才能をもった自称「魔性の女」を標榜するメンバーなどがその中心です。最初は「商売でもしたら」という提案に「売るものがない」し、何よりも「自信があるのは、何をやっても長続きしたことがない」という選りすぐりの人材が、一番最初に見出した「売り物」は、「自分自身」でした。自分自身の苦労の体験が、そのままで、固有の生きる財産となって、事業を下支えしていくのです。

そして、みんなの話しあいの結果、生まれたべてる流のキャッチフレーズは「虚しさを絆に」でした。

つながりの回復を求めて

人のもつ「弱さ」や「苦労」は、決して単純に克服すべきことでも、恥じることでもありません。私はいま、浦河町に暮らしながら、仕事の関係で札幌にも小さなアパートを借りて暮らしています。札幌で暮らして一番違和感があるのは、八世帯が住んでいるそのアパートで、誰一人として表札をかかげていないことです。その中で、自分だけが表札をかかげるというのは、逆にものすごく不気味な感じがして、私も出していません。そのように、人と関係を切って自分の生活を守る、守りたいという田舎には無い、独特の空気を感じます。

反面、リストカットが止まらないとか、被害妄想をかかえて精神科の病院を訪れる人たちに共通しているのが、「孤立感」です。そこには、人とつながりたいという過剰なまでの欲求があります。しかし、精神障がいをかかえる当事者が惹き起こすさまざまなエピソードは、まったく正反対の様相を呈します。それは、いかにも人を遠ざけ、嫌悪し、無関心を装っているように見えるからです。しかし、実は、過剰なまでの孤立感が、そうさせているのだと言うこともできます。つまり、当事者は、人を拒絶しているのではなく、人とつながり、社会の中で役割を望みながら、それが適わない絶望感の中で「引きこもる」という方法や自傷的な行為による「自己対処」を余儀なくされていると言ってよいでしょう。例をあげると、当事者研究のテーマにもありますが、統合失調症をかかえる当事者の中に「思考伝播―自分の考えや自分のことが周りに伝わってしまうという感覚におそわれる状態」に苦しむ人たちがいます。いわゆる、ドラマにもなった「サトラレ」です。自分のプライバシーが、世界中に筒抜けになる苦しさに翻弄された経験をもつ人たちが、当事者研究をとおして出した結論は、「サトラレは、〝サトラセ〟だった」ということでした。自分という存在が、誰にも「サトラレない」「知られていない」という孤独感が、一所懸命、「サトラレて困る」という苦労の狭間から見えてきたのです。そうやって、必死になって人に自分を「サトラセている」というカラクリが見えてきたのです。実は、虐待という行為でさえ、一種の――自分でも全然賛成できない――自己対処の一つと言えます。そういう手段を用いて、その瞬間、瞬間の自分を助けざるをえない。それはリストカットをして一息ついている人たちと非常に共通したものがあります。

しかし、「人とのつながり」というテーマには、実は、その裏側にもう一つの問題をはらんでいます。それは、人のつながりを求めている人たちの多くは、「人の評価に飢えている」という側面もあるからです。つまり、私たちは、知らず知らずのうちに「人にどのように評価されるか」という基準の中で生きてしまっているからです。そういう意味で、先に紹介した「むじゅん社」の四人の女性もそうですが、生きづらさのテーマの中心に「人からどう見られるか」という「人の評価」の問題が、重要なキーワードになっています。メンバーの多くは、親の顔色を伺い、周りの評価にとらわれ、自分を殺し、自らの感情を見失ってきたという経験をもっています。

しかし、「評価」をめぐる一番の問題は、その評価が一人の人間の価値や可能性までも支配してしまうことです。知らず知らずのうちに「人が人の価値を決める」という構造ができ上がってくるのです。私自身も、実は子どものときから「こんな仕組みを作る大人って何なんだ」と、子どもながらにいつも思っていました。特に中学になってから、進学、成績、身だしなみと、そういうことで枠をはめてくる大人たちに対して私は非常に警戒し、距離をもってその言葉を受け止めていました。「本気でこの大人は、そんなことを考えているんだろうか」。そう思えば思うほど、それに従わないという自己主張をしたくなります。すると、その自分の主張に対して、「なぜその枠組みに従わないのだ」というさらに枠組みともいうべき、先生の指導というものがなされます。しかし、私の体の中からにじみ出る抵抗のオーラがやはり先生には伝わったのだと思います。生意気だ、反抗的だといってだいぶ殴られた経験をもっています。おなじ失敗をしても、となりの同級生が一発叩かれるところを、私だけ二発叩かれるということもありました。その数か月後には、私自身への苛立ちが募った教師からマシンガンのように殴られ、同級生にお別れの言葉も言う間もなく私は、その中学校から転校をしました。力でもって、学校なりの教育の枠組みに組み伏せようとするその力の前に、中学一年生の私は、まったく無力でしたが、そのような経験が、私自身の浦河でのソーシャルワーカーとしての実践に多少なりとも影響を与えているのかもしれません。

そういう中で、べてるが大切にしてきたことは、問題を取り上げて、その原因を追究し、改善しようとする発想ではなく、常にミーティングをとおして「信じる」「活かす」「他者の評価からの自立」を重んじてきたことです。その場の中では、一人ひとりがいろいろな生きかたを試してみて、つまずいたり失敗しても、「その結果に学ぶ主体」として尊重されます。必要最低限のルール以外は、支配や管理の無い場だということもできます。「変わること」に対して他人が干渉したり介入したり、管理しないという仕組みを作っただけで、人の中に入れなくて、自罰的で自虐的な生きづらさをかかえた当事者が、イキイキと活動を始めるのです。まるでマジックみたいなものです。

「個人苦」から「世界苦」へ

当事者研究のもつ力の一つに「個人苦」が「世界苦」へと広がる経験を当事者がするということがあると思います。当事者の感じる孤立感の一つに、自分のかかえる生きづらさが、周りの人との間で、共有されないという苦しさがあります。先にも紹介したように、私が中学生になって、より大人の世界に近いところで生きることになったときに味わった人間関係の難しさは、私自身の性格や個性を超えた大きな課題でした。そんな私は、度重なる教師からの叱責や体罰（教師は後に書類送検になる）を経験しながら、このような苦労の連続の中で、七十年、八十年と生きて人生を全うすることがどうやったら可能になるのか、などと考えていました。ですから、表向きの明るさとは裏腹に、とにかく毎日こころの中に霧が立ち込めているような感覚と言いようのない〝もの悲しさ〟に覆われ、「憂い」という文字がおでこに張り付き離れませんでした。

ところが、不思議なことに、八方塞がりの憂いの感覚が、なぜか自暴自棄な感情や生きかたにつながらずに、やり過ごすことができるようになっていきました。それは、私の行き詰まりは、私個人に偶然おきた身の不幸ではなくて、私を超えた「人間のテーマ」として私は受け止めることができたからです。つまり、青森の片田舎に暮らす私個人のエピソードを超えて、自分の行き詰まり感や苦労はある意味、戦争や飢餓などの世界がかかえる現実の行き詰まりにつながっていったのです。私には「人間はいつも、こうしてぶつかり合い、傷つけあいながら歴史を形づくってきた」という人類の壮大なテーマに向き合っているという深い感慨がありました。そう考えると私は自分の行き詰まりや担任の先生との関係のもつれと不安な感情に、大切な意味を見出し、不思議な使命感を感じるようになりました。そして、解決の見通しのないままに壮大なテーマに向き合っている自分を誇らしくさえ感じていました。「世界のかかえる苦しみに自分はつながっている」その感覚が人を活かすという実感の端緒をつかむことができたことが私を助けたように思います。それは、別な言いかたをすると、人と人のつながり、つまり人間の生きた歴史を取り戻すということです。当事者研究とは、「人の生きた歴史の取り戻し」の作業へのお手伝いでもあります。自分という人間が、ここにいま、生きてあることを支える具体的な人のつながりをよみがえらせていく歩みでもあります。

当事者研究とは、まさしく悩みを苦労に変え、苦労をテーマに変えていく作用をもっています。単純に病気だけを治したり、悩みを無くしたりするのではなく、生きづらさをかかえたときに、人とのつながりの中で意味をもってくる、病気そのものは無くならないかもしれないが、その苦労が意味をもって、まったく違った価値をもってくるという可能性が「当事者研究」という活動の中にあるようなきがします。

自分の専門家、研究者になる

私がこの仕事を始めたときは、精神障がいをかかえた人たちが「自分は統合失調症です」と表明することは、タブー中のタブーでした。しかし、精神障がいをもつ当事者との関わりをとおして私は、そこに、とても大切な生活情報の一つとして当事者の体験を聞いてきました。とても私だけが聞いておくのにはもったいないという貴重な生活情報、つまり、生きること、暮らす上でのたくさんの知恵が詰まっている。そういう意味で、プライバシーという形で大切な生活情報を閉じこめておくのではなくて、むしろ、市民に向かって語っていこう、情報の提供をしていこうということを大切にしてきました。たとえば、最近では、農家の人たちが野菜に名前や産地を紹介するということをしていますが、浦河では昔から、日高昆布の産地直送をする際に、販売部長の早坂潔さんの顔と名前と一緒に昆布を販売していました。いまは、個人情報保護というかたちで、一方的に大切な生活情報も含めて守ろうとする傾向が強まっています。ですから、閉ざそうとするのではなく、とても大切な市民の情報の一つとしておたがいに伝えあう、こういうときにこうすればいいんだよ、ああすればいいよ、こうときはこうしようよっていう自分たちの大切な経験と知恵を専門家の手から取り戻すことが、大切になってきます。

回復や暮らしやすさの生活情報をもっているのは常に専門家であって、一般市民はお金を払って専門家のところへいって指導を仰いだり情報をもらったりすることがあたりまえになっています。しかし、浦河で大切にしてきたことは、一人ひとりの中に知恵がある、その知恵を伝えあう。そこから場全体が豊かさを取りもどすということです。そして、その延長上に「当事者研究」というものが、生まれてきたのです。おもしろいことに、専門家が研究したアプローチよりも、当事者の研究したアイデアはその日から仲間の役に立ちます。それが「自分の専門家、研究者になる」ということです。しかし、これは、決して専門家との決別や、当事者だけの活動を主張することではありません。本来の関係を取り戻すということなのです。

〝非〟援助の援助――助けないという助けかた

当事者研究を育んだ浦河での治療や相談支援に通底する理念の一つに「〝非〟援助の援助」という考えかたがあります。この〝非〟援助の援助、いわゆる「助けないという助けかた」というこの逆説的な発想が、どのようにして浦河に根付いてきたのかを紹介したいと思います。

私が、ソーシャルワーカーとして、浦河で仕事をはじめたのは一九七八年の四月です。私が最初にしたことは、地域の保健師さんに「この町で一番苦労している人、一番困っている人を紹介してください」と頼むことでした。するとHさんが紹介されました。Hさんがアルコール依存症で奥さんがアイヌ民族の出身のかたでした。するとHさん一家の周りにはたくさんのアルコール依存症の人たちが居て、苦しんでいることがわかりました。毎日のようにあちこちで酒による暴力沙汰が起きていたのです。そういう中でたくさんの子どもたちが育っているのがわかりました。もうお父さんが酒飲んで暴れはじめるとみんな子どもたちは奥の部屋に行って嵐の過ぎ去るのを待つという生活をあたりまえのように暮らしていました。

私は当時、「いつでも、どこでも、いつまでも」というキャッチフレーズをかかげていました。

この家族は地域のだれからも相手にされていませんでした。いつも警察が駆けつけたり、騒ぎがあったり、そしていつも家の中は乱雑で、ほんとに地域から孤立している家族でした。この家の子どもたちも夜尿症だったり学校に行けなかったり、成績不振に陥ったりの生活状況でした。そこで、私は、安月給の中から九人の乗りのワンボックスカーを買い込み、教会の牧師さん等に協力していただいて土曜学校という子ども会活動をはじめました。そして、一方では、家族からのSOSに一年中走り回るという生活がはじまったのです。

そのように、浦河で私が見たのは、想像もしなかった地域の現実でした。まるで戦後まもなくの頃のような昔ながらの貧しさが、浦河の田舎に行くと残っていました。地域の人たちからは〝逃亡兵〟と言われていた六〇代の男性は、河原に横穴を掘って暮らしていました。その後、集落の人たちが同情し、板きれだとか柱だとか持ち寄ってちいさな小屋を建ててあげ、電気も水道もない中で、雨水をためて暮らしていました。また、浦河は先住民であるアイヌの人たちが多く暮らしている（およそ町民の三割）のですが、地域の中で代々アルコール依存症によって、家族崩壊をくり返してきた人たちが多く、いまにも崩れそうな廃屋のような家屋に家族が身を寄り添って、暮らしている人もいました。真夏のことです。お酒を飲みすぎて衰弱した高齢夫婦の家を訪ねたときのことを忘れることができません。離脱症状と幻視におびえ、床が抜け落ちた茶の間にはネズミの死骸があり、汚物にまみれた寝床には蛆がわいていました。私にとってはその現実は衝撃でした。

私の〝非〟援助のルーツというのはまさにここにつながります。毎日毎日、家族から「父さんが酔って暴れている」というSOSの電話がくると駆けつけていました。そして、泥酔状態の父親をなだめるという作業がはじまるのです。「俺を監視に来たのか！」「入院させるのに来たのか！」。果ては、「自分の金で飲んで何が悪い！」と強がる本人に、私がとった手立ては、酒を注いであげる、ということでした。酔って愚だを撒く父親に「もう父さんわかった、わかった、ゆっくり座って酒でも飲みなさいよ」といって、焼酎を並々と注ぐのです。そんな父さんからよく言われました。「いままで酒をやめろと言う人は山ほどいたけれど、俺に酒ついだのはおまえが初めてだ」と言われました。おもしろいことに「さあ飲みなさい」と言って酒を注ぐと、飲んでる父さんは「俺を殺す気か」と言いました。その噂は、あっという間にアル中さん仲間に広がり警戒されるようになりました。「向谷地に酒を注がれるようになったら終わりだ。先が短い」と。

私は、とにかく足を使って通い、相談にのり、必死になって子どもを支えようと考えました。しかし私は、蓄積する徒労感の中で、ワーカーとしての自分がいろいろ力を尽くした結果、〝アル中さん〟たちが酒をやめるという私の中のシナリオに気がつき、「私は何を助けているんだろう」と考えるようになりました。しかも、奥さんから「父さんがまた暴れているから来て！」と言われて毎日、毎日駆けつけて、夜中の一時二時まで夫婦げんかの仲裁をしているうちに、不思議なことに奥さんや家族の怒りや憎しみが私の中に〝乗り移る〟ようになり、奥さんたちと同じ気持ちで「この父さんは憎たらしい」と思うようになりました。「これは、いけない」と私は思いました。深夜に及ぶ家庭訪問と、新人ワーカーとしての慣れない職場での人間関係の軋みとが重なっていた時期でもありました。私は、Hさんの家族以前に「自分自身をもっと助けなくてはいけない」と考えるようになりました。緊急の家庭訪問で、喧嘩の仲裁中にアイヌの青年からボコボコに殴られるということも重なり、私の「助ける」という援助観は、根本的な変更を余儀なくされるのです。

それは「信じる」「任せる」ということでした。私は、当事者を信じていなかったことに気がついたのです。私の援助の結果、回復し、立ち上がるのではなかったのです。つまり、回復という作業の主役は、酒を飲んでいる当事者自身だというあたりまえのことに気がついたのです。このテーマの前には、誰もが無力なのです。しかし、不思議なことに、無力さに気がつくときに、その場には、新たな人を活かす力が生まれるのです。

「べてるの法則」というのがあります。病院は病気の悪いところを治そうとします。いわゆる「医療のモデル」と言われているものです。最近は「希望指向のモデル」が着目されていて、悪いところではなく健康的な部分に着目し強めることを大切にします。それに対して、「べてるのモデル」というのは、「問題」と言われていることが役に立ち、有利だと思われることが、マイナスに作用する世界だということができます。高い学歴がその人のハンディになり、多くの財産がその人の足かせになることもあります。べてるの家の早坂潔さんは三分しか集中力が続かないから、多くの仲間が集まって、一つの職場ができたのです。「べてるの法則」では「弱さと弱さ」が集まると「強さや優しさ」が生まれます。強さと強さの結合は、最も脆い組み合わせです。強さと弱さが集まるとちょっといい加減になります。私たちの〝非〟援助の根底に流れる私たち一人ひとりがもつ無力さ、専門家の無力、家族の無力、当事者の無力、これがうまくつながりあったときに、そこに大きな力が生まれるのです。

「べてる菌」感染症

べてるの家を訪れる人の多くは、また来たくなると言います。つまりリピーターとなるのです。何度も足を運ぶ人も珍しくないので、そのような人を、「べてる菌」に感染した「べてらー」と言うようになりました。べてる菌に感染した〝気の毒な〟人たちの主症状は「反転症状と無力症状」と言われるものです。具体的には「病気なのに心が健康になってくる」ということが起きてきます。ですから、精神障がいというのはいわゆる「心の病い」と言われるのですが、私たちは決して「心の病い」だとは思いません。むしろ、健康的な人が多いように思います。ですから、精神障がいをもっていることと心が健康になるというのは矛盾しないのです。むしろ、精神障がいという病気がないのに心が不健康な人はたくさんいるような気がします。そういう意味で、病気と心の健康は決してイコールではないのです。

次なる症状は「貧乏なのに豊かになっていく」ということです。早坂潔さんは、懐具合はいつも金欠なのですが、けっこう豊かな暮らしができています。潔さんは貧乏になってから飛行機に乗る回数が増えたって言ってます。三つめは「過疎地なのに商売が繁盛する」ということです。浦河は北海道の中でも有数の過疎地域といってもいいぐらい地域経済はきびしいのですが、お陰様でべてるは繁盛しています。岡本まさるさんという六〇代のメンバーは、いつも町をブラブラ散歩して歩いています。いつも彼はつぶやきます。「どこが良くてこの浦河にみんな来るだべなあ」って。私は言います。「岡本さん、あなたがいいんですよ」と。過疎地でも商売が繁盛するコツは、場所ではないのです。人なのです。「関係」で商売というものが成り立つのです。その関係の前では、病気をもっていることもハンディにはなりません。逆に、新しい事業につながるきっかけにもなります。メンバーの体験が出版につながったり、潔さんの自己病名である「精神バラバラ状態」が、そのまま不ぞろいの昆布の再活用につながり、潔さんになぞって「バラバラ昆布」という商品名になりました。「バラバラ昆布」というネーミングはヒットし売上も大きく伸びました。

四つめは「なんにも解決していないのに解消される」という作用です。病気も治っていない、問題も解決していないにも拘らず解消されるということがおきてきます。医者は「治せない治さない医者」になってしまいます。川村先生は「治すのをあきらめた」ということをよく言います。治さなければならない、治そう治そうとする、そういう勢いをもった医者ではなくて、むしろこの人たちがもっている力を信じたところで自分の役割を果たせる医者になるというのが、川村先生のめざす精神科医の理想の姿なのです。同様に、ワーカーである私は「相談されることよりも相談する」ことが多くなりました。これも、代表的な反転症状です。私は日頃、当事者に相談することが実に多くなりました。

五つめは「あきらめることが上手」になることです。先日、NHKの教育テレビで言葉に関する番組を見ていた一人のメンバーが私の携帯に電話をくれました。「向谷地さん、〝あきらめる〟っていう言葉の語源をいまテレビでやってたよ。あきらめるってね、元々の言葉は〝あきらかに認める〟っていうことなんだって。それが短くなってあきらめるなんだって」。べてるには、何人もあきらめの達人がいます。その一人が清水里香さんです。彼女は、諦めることに関して著書の中で、このようなことを書いています。

「ダメなままの自分を受け入れよう」とこだわることも止め、〝諦めるしかない〟と思い、いままで自分が必死にしがみついていた手綱を手放した時、手放したことで自分にマイナスになるものが何一つないことが分かったのである……諦めること――それをべてるでは、生き方の高等技術としてとても大切にしている。いまでは、現実に起きていることを明らかにしてそれをすべて受け入れることなのだと思っている。諦めることは、はじめの一歩に立つことである。そのことを、話したり講演に行ったり、実際生きている人たちの姿を見ているうちに実感できるようになった」のです。

六つめは、「することよりもしないことが上手」になってきます。これは家族のかたですとか、援助者の仕事をする人たちにとって大切なセンスの一つです。

七つめは「絶望するほどほめられる」ようになります。そのときに、「君の行き詰まりかたって素敵だね、とってもいいよ」と言ってもらえるわけです。

八つめは、どんどんいい加減になってきます。信じることの先取り、と私たちは言っています。べてる菌に感染すると、計画的に、順序よく物事を進めるということに依存している人たちは、べてるではきっと居たたまれなくなります。「朝令暮改《ちょうれいぼかい》」という言葉は、べてるのためにある言葉と言ってもいいくらい、べてるは「無計画」です。しかし、別な言いかたをするならば「臨機応変」なのです。いつどんな出会いがあるかわからない。つまり私たちが決めたこと、私が思ったことに、あまり執着しません。なぜならば、私たちが決めること、私たちが目標とすることは、所詮は移ろいやすいもので、私たちは、自分たちが弱い者であることを知っています。同時に、人との出会いとか与えられたものの確かさを私たちは知っています。ですからそれを信じるかたちで、そしていろんな壁にぶち当たったときにも、どんな行き詰まりを感じたときにも、どんなに目の前の現実に希望を見いだせなくなってしまうようなときでも、きっとそのことが何かまた新しい意味を生み、新しい人のつながりを生むはずだということを、もう先に信じてしまう。決して心の底から信じなくてもいい、いい加減でもいい。もうほんとに口先だけでもいいから、信じてしまったほうが勝ちみたいな、そういういい加減な信じかた、確信のない信じかた、決して実感のない信じかた、そのようないい加減な信じかたをしてしまうということを、私たちは大切にしてきました。その意味で、当事者研究も一つの「信じかた」なのです。

二、べてるの家の「当事者研究」

はじめに――「当事者研究」とは何か

「研究」という言葉には、不思議な響きがあります。一般的に「研究」とは「よく調べて真理をきわめること」(『広辞苑』)を目的とした一連の取り組みをさします。研究を職業とする人は、物事の奥義を究めようとする「研究者」として一目置かれます。しかし浦河では、いつの頃からか「研究」という言葉は、きわめて日常的な言葉として使われてきました。統合失調症をはじめとする精神障がいをかかえながら生きようとする中で起きてくるさまざまな苦労や生きづまりが頂点に達したときに「どうしたらいいか、一緒に研究しよう」という言葉によって、それまでの現実の苦しさやこだわりが、一瞬のうちに緩み、少しだけ生きて行けそうな気分になるからです。一人だけでかかえる孤独な作業が「研究しよう」という言葉によって、いつの間にか共同作業に変わるのです。つまり「こだわり」や、「とらわれ」の歯車が、自分のかかえる苦労への興味や関心となって、観察者の視点をもって自分自身のかかえる生きづらさに向き合う勇気へと変えられるのです。

浦河の中で日常的に使われていた「研究」という視点が、統合失調症などをかかえる中で起きてくる爆発や被害妄想と向き合うための「自己研究」になり、さらにはそれが、「自分自身で、共に」のキャッチフレーズに示されるように、より人とのつながり――研究の共同性を重視する要素を取り入れて「当事者研究」へと進化をしてきました。浦河では、研究という作業が、頭が良くて、研究熱心で、専門分野の知識に長けている特別な人たちのものから、日常生活における一つの暮らしかたとも言えるレベルで活用されはじめたとき、新しい可能性をもちはじめたような気がします。つまり、私たちは暮らしていく上で、実は毎日のように自分の経験や知恵だけでは解決困難な場面に直面しながら生きています。その意味では、私たちは「研究の素材」には事欠かない中で暮らしていることになります。

しかし、従来は、生活の中でおきてくる困りごとや生きづまりは、その道の専門家に相談するというのが、常でした。特に、統合失調症等の精神障がいの場合は、なおさらです。そんな専門家任せの時代から、精神障がいをかかえて生きてきた自分の経験と困難をかかえているその場の中に、実は、さまざまな生きかたのヒントが眠っているということに気がついたのです。それは、精神障がいをかかえる当事者にとっては、社会的な支援体制も皆無で、安心して暮らせる条件に乏しい浦河だからこそ育まれたともいえる当事者活動の賜物なのです。「自分自身の経験の中に、さらには、仲間の経験の中に、そして、一人ひとりの人生の中にたくさんの生きるための経験や知恵がある」という気づき自体は、決して珍しいものではありません。昔から、人は、そのような知恵を受け継ぎながら生きてきたのです。しかし、いつの間にか、人々は知恵の受け継ぎと経験をつなぎ合わせるという営みを忘れてしまったのです。ですから、当事者研究の意義とは、統合失調症など精神障がいをかかえた当事者自身が、自らのかかえる固有の生きづらさと向き合いながら、問い、人とのつながりの中に、にもかかわらず生きようとする「生きかた」そのものということもできます。それが「自分自身で、共に」という当事者研究の理念に反映されています。

つまり、当事者研究とは、生活の中で起きてくる現実の課題に向き合う「態度」であり、「人とのつながり」そのものであるといえます。ですから「当事者研究」という営みは、決して、単一の問題解決をめざす方法論――問題解決技法――ではありません。そして、毎日、どこでも、どの場面でも「当事者研究」は、取り組むことができ、形や方法に縛られることなく、一人でも、ワークショップのような大人数のグループでも可能になってきます。その積み重ねの中で、毎日の生活の中に、「研究」の成果が根を下ろし、思わぬ形で、具体的な生活課題の「解消」もはかられることで、現実が、いまより生きやすくなり、生活の質の向上につながります。

「悩み」を「テーマ」に

浦河という地域の中で、暮らす上で出合うさまざまな苦労や生きづらさを「研究」という視点から考えるようになったのは二〇〇一年ですが、振り返ると私の中では、中学生のころからそのような習慣ができ上がっていたように思います。先にも紹介したように、中学生のころ、同級生や教師との人間関係に生きづまり、とことん追い詰められた気分になったとき、「自分は〝悩み〟をかかえているのではなく、人間関係という大きな〝人生のテーマ〟に直面しているのだ」と考えるようにしたのです。自分は〝悩み〟をかかえているのではなく、大きな〝テーマ〟を与えられているのだと考えると、不思議なことに、生きづまりをかかえている自分自身に対して、誇りを感じるようになったのです。何も、問題は解決せず、相変わらず苦労が続いていながらも、自分が損なわれない感覚を覚え、「自分自身の生きづまりに自信をもつ」ようになったのです。つまり、人間関係という人とのつながりの上でおきてくる予想外のさまざまな軋轢や生きづまりの延長上に、政治や経済の仕組みやルールがあり、その究極の破綻が戦争であると考えたのです。当時の世相は、泥沼化するベトナム戦争と全国に吹き荒れる大学紛争で社会は騒然としていました。そんな時代の空気の中で、一〇代を過ごしていた私にとって、私個人の生きづまりは、世界の生きづまりにつながって見えたのです。一〇代の鋭い感覚で考えると、教師の体罰に打ちのめされる自分自身とベトナム戦争で爆弾の嵐の中を逃げ惑う子どもたちの現実は、見事に一体化し、いまという現実を生きることは、ベトナムの子どもたちとの観念的な連帯へとつながっていったのです。そういう感覚に満たされたとき、私は、自分の生きづまりに誇りを感じ、不安や危機の中で、意味を見出すようになりました。

テーマをもつということは、そこには「問い」が生まれます。究極の問いは、「生きる意味」についての問いです。人生の途上でそのような「問い」を経験することなく生きている人はいないと思います。その「問う」という営みに、一つの根拠を与えてくれたのが、先にも紹介した十八歳の頃に読んだ伊藤整の小説、『青春』（新潮文庫）でした。伊藤整は、「まえがき」で、次のような言葉を残しています。

人の青春が生に提出する問題は、生涯のどの時期のものよりも切迫しており、醜さと美しさが一枚の着物の裏表になっているような惑いにみちたものだ。

モンテーニュが〝人は年老いて怜悧に徳高くなるのではない。ただ情感の自然の衰えに従って自己を統御しやすくなるだけである〟と言っているのはたぶんある種の真実を含む言葉である。

青春には負担が多すぎるのだ。

しかも、その統御しやすくなった老人の生き方をまねるようにとの言葉以外に、どのような教訓も青春は社会から与えられていない。

それは療法の見つかるあてのない麻疹のようなもので、人みながとおらなければならぬ迷路と言ってもいいだろうか。

もし青春の提出するさまざまな問題を、納得のゆくように解決しうる倫理が世にあったならば、人間のどのような問題もそれは、やすやすと解決しうるであろう。

青春とは、通りすぎれば済んでしまう麻疹ではない。

心の美しく健全なひとほど、自己の青春の中に見いだした問題から生涯のがれえないように思われる。

真実な人間とは自己の青春を終えることのできない人間だと言ってもいいであろう。


伊藤整のこの言葉は、「問う」という営みの根拠とともに、「問い続ける」ことの意味を私にさし示してくれたような気がします。このことをとおして私は「悩み」を「苦労」として受け止め、「問題」を「テーマ・課題」として考えることの手掛かりを得たように思います。本領を発揮したのが、ソーシャルワーカーとして精神医療の現場で仕事をするようになったときです。毎日、毎日相談という形で、波のように押し寄せる当事者や家族の「悩み」やトラブルの中に身を置きながら、できることは解決よりも、一緒に考えることや、知恵を出し合うことであり、それでも、とことん生きづまりを感じたときには「テーマが一つ増えた」という感覚で、一時、棚上げすることでした。それは、いまで言えば一種の「外在化」です。

「一人一研究」との出合い

問題のテーマ化という作業を、本格的な「研究」という言葉に具体化するきっかけになったのが、企業家との出会いでした。一九八四年四月にべてるの家が正式に発足する一年ほど前から、実は浦河にある古教会堂は事実上の共同住居として数名の当事者の住まいとして活用されていました。その中の入居のメンバーである早坂潔さんを中心に、日高昆布の袋詰めの下請けをはじめていました。本当にささやかな営みでしたが、気持ちは「起業」の一歩でした。スローガンは「社会復帰から社会進出へ」です。従来の福祉や社会復帰の枠組みから脱却し、ひとつの起業としての心意気でした。もちろん、仕事に従事する人たちは、みんな統合失調症などの精神障がいをかかえた当事者です。長続きもしません。すぐ、訳がわからないうちに調子が悪くなったり、やる気が出なくなったりします。そんなメンバーが集りながらも、昆布の仕事が継続し、その後、下請けを脱却して、自前で産地直送をするまでになったのは、常に、現状を問題として考えるのではなく「安心してサボれる会社づくり」という理念にあるように、現状を受け入れながらも、仕事を継続する方法を常に「研究」することを怠らなかったからだと思います。

そのような姿勢が、地域や全国各地の企業家との出会いをつくっていきました。その出会いの中で一九九〇年ごろだったように思います。新潟で地域づくりコーディネーターをされている清水義晴さんと出会いました。清水さんは、過疎化が進む浦河の町で、精神障がいを体験した当事者たちが、街づくりの一環としての起業に挑戦している姿に注目し、現在も、さまざまな形で応援してくれている支援者の一人です。その清水さんが、かつて印刷経営をしているときに「一人一研究」という実践を取り入れ、掃除のおばさんは「掃除のしかた」を研究し、印刷に携わる社員は、どうしたら鮮やかな色を出せるかの研究をして、一年に一回発表していたということを知らされました。以来、べてるの家のメンバーの仕事に、「一人一研究」の要素を取り入れて、販売の工夫や、新製品の開発の中に「研究」的アプローチが取り入れられていきました。

「当事者研究」の誕生

先に紹介したように、自分たちのかかえる生きづらさや生活上の起きてくる問題を「研究」という枠組みに変えて担う中で、それは次第に「当事者研究」へと発展してきました。その直接のきっかけは、統合失調症をかかえ、「爆発」をくり返す一人の青年との出会いでした。彼は、幾多の爆発と、それをきっかけとした強制入院をくり返し、家族共々に疲弊しきった中で、藁にもすがる思いで、浦河に相談にやってきたのです。そして、彼は転院することになったのです。しかし、浦河での入院生活でも、やはり、同じことが起こるようになったのです。入院中にもかかわらず、新作のゲームの購入をねだる電話が頻繁にかかるようになったのです。両親の脳裏に浮かぶのは、かつて繰り広げた恐怖の悪循環でした。ゲームの購入を断ると、決まって暴れたからです。渋々、お金を渡しても、そのゲームは一日遊んだだけで、また、別のゲームを要求するというようになっていきました。そればかりではありません。要求は、ますますエスカレートし、入院中にもかかわらず父親に〝鮨が食いたいので差し入れてほしい〟という電話をかけるようになりました。寿司の要求は、彼の常套手段でした。父親も最初は、怒りや不満を押し殺して黙って差し入れてきました。しかし、堪忍袋の緒が切れた父親は、一言いってやらねばという思いで「入院中は、病院の食事で我慢できないのか」と言った途端、突然キレて病院の公衆電話を壊してしまったのです。夕方の六時を回ったころだったように思います。お父さんから電話がかかってきました。「息子が、また、病棟でキレて電話を壊してしまいました。いったい、何を考えているかわからなくなってしまいました。浦河に多少望みを託してきたのですが……」。

その後に、私は病棟に電話をして状況を確認すると、父親と電話中に突然、受話器で電話機を殴りつけ、耳にあてる部分が粉々になって砕けてしまったということでした。すでに、この場面は、別な著書で紹介しているのでちょっと引用します。

私は〝K君に相談室に来るように伝えていただけませんか〟と看護師にお願いした。すると、まもなくK君がやってきた。相談室の面談コーナー向き合って座った。〝K君、川村先生の予想どおり、順調に苦労がはじまっているね〟というとK君は表情も変えずに〝これは、順調な苦労なんですか？〟とこちらを睨むように聞いてきた。〝そうだよ。これが順調な苦労なんだよ。本心では、こんなはずじゃなかったと思っているかもしれないけれど、残念ながら、これは順調すぎるほど、順調なんだよ。辛いとき、困ったとき、いままで使い慣れた一番得意な方法に依存してしまう。でも、それが一番使いたくない方法だとしたら、それ以外の方法を見出して、得意にならなくてはいけない。K君が、K君自身を助けたくても、いまは、助け方がわからない状態だと思うよ。今日のやり方をみても、K君にとって最も申し訳がないやり方だね。今日は、誰に一番謝りたいと思う？〟そう問うとK君は〝両親と川村先生……〟と答えた。〝僕は、先生や親に謝る前に、本当に土下座してでも謝るべきは、K君自身だと思うよ。自分に謝る。自分を助け、励ますことをしないうちに、自分をおろそかにして、回りの人間に謝っても順序が違うと思うけど……〟そういうとK君は〝わかった〟といって唇をかんだ。〝K君、この爆発のテーマは、K君自身の個人的な欠点や弱さをいかに克服するかという問題ではなくて、極端に言えば世界中の爆発に悩む仲間をいかに救出するかというテーマでもあるし、K君自身がこのテーマをとおして、多くの人たちとつながるチャンスでもある。そこで提案したいのが、仲間と一緒に爆発をテーマにした研究をしてみないかい〞〝研究ですか。それは面白そうだ。僕は研究者にもなりたかったからね〞。そういうと沈痛な表情は消えて、挑戦者の顔に戻っていた。〝向谷地さん、悪いけど僕は〈爆発〉は止めないからね。爆発は、必要なんだよ。ただ、爆発の仕方の問題なんだよね〞そう言われた時、知らず知らずのうちにK君の爆発を止めさせたいという私自身の魂胆を読まれた思いがした。〝さすがはK君だね。もう研究者の顔になっているね〞と言うとようやく彼の表情に笑顔が戻った。

こうして〝爆発の研究〞がスタートしたのです。

専門家の役割と「当事者研究」

浦河で始まった「当事者研究」は、看護の専門雑誌に連載され、『べてるの家の「当事者研究」』として出版されたことをとおして、精神医療やケアの現場に、反響をよぶようになりました。その反響の一つに、特に統合失調症の病気をかかえる当事者の多くは、病名も、飲んでいる薬の名前も効能も知らされずに、まったく受身の医療の中で「統合失調症患者の多くは、自分が病気であることの認識ー病識をもてない」という一般的な理解の中で、保護的、管理的なケアに埋没している中で、当事者自身が「自己病名」という自分の実感を基につけたオリジナルな「病名」をかかげ、起きてくる症状や人間関係も含む、さまざまな生活上の生きづらさについて、当事者自らが、仲間とともに「研究」活動をはじめ、切実な問題を解明・解消していこうとする試みは、臨床における「専門家」の役割に根本的な発想の転換を促すことになったという見方もあります。しかし、よく考えると、むしろ「専門家が自分たちの本来の役割を見直すきっかけになった」というのが、本当だと思います。西洋医学の祖と言われたヒポクラティスの残した言葉の中にも「身体には自然治癒力がある」（常石敬一『ヒポクラテスの西洋医学序説』小学館、一九九六年）とあるように、人を治療・援助するためのあらゆる手段に共通しているのは「当事者自身がもつ回復しようとする力を認め、信じること」と言っていいと思います。それが、いつの間にか、専門家お任せ状態になっていたのです。

実は、精神科病棟専属のソーシャルワーカーとして配属された私が、最初に感じたことは「囲」学――囲い込まれて・「管」護――管理されて・「服」祉――服従する、という構造の中で、本来の医療の目的が歪められているということでした。私たちソーシャルワーカーの援助の基本的な考えかたの中に「自助の援助」という言葉があります。これは病気や障がいをかかえた人たちが「自分を助ける――セルフ・ヘルプ」ことを助けるという原則です。これは、先ほどのヒポクラティスの言葉にも似ていて、本来、当事者自身がもっている主体的な問題解決能力を十分に発揮できるように、側面的に援助していくことの大切さを説いたものです。それは、私たちの援助やケアは、困難に直面した当事者自らが課題を乗り越えていくプロセスを尊重し、援助の主役は、専門家ではなく当事者自身であるという考えの表明で、決して、目新しい理論ではありません。パターナリズム――父権主義という言葉がありますが、専門家が、治療やケアの主導権を取ることによって、当事者は絶望的な現状の中で「見ない」「聞かない」「言わない」という態度によって現実との直面を避けようとし、その結果、さらに管理と無気力が強化するという悪循環に陥ります。

しかし、「当事者研究」とは、この活動によって専門家の関与が不要になったり、影響力を排除することを意図したものではありません。「自分自身で、共に」の理念にある「共に」の中には、当然のように専門家との共同と連携が含まれます。しかし、大切なのは、専門家のもっている知識や技術と、当事者自身がもっている経験や知恵は基本的に対等であるということです。そこに優劣はありません。そのことをとおして、専門家も当事者も、本来の役割を取り戻すことができるのです。

ここで、どうしてもふれておかなくてはいけないのは「当事者研究」における「当事者」の意味についてです。精神障がい者も含めて障がい者は、長い間、「自分のことは、自分が決める」

という基本的な権利を奪われてきた人たち（中西正司、上野千鶴子『当事者主権』岩波新書）であると言えます。俗に言うこの「自己決定」の視点は、いまや、あらゆる福祉サービスやケアの大原則として広く普及しています。その自己決定論を背景として専門家が当事者とかわす言葉の中に「あなたはどうしたいの……」という問いかけが、あらゆる場面で見受けられるようになりました。

しかし、その問いを投げかけられた当事者の多くは「自分が決めたのだから、その結果責任はあなた自身が背負うことになります」という背後にあるメッセージに緊張を覚え、恐怖を感じると言います。実は、浦河ではまったく正反対のことが、当事者性の原則として受け継がれてきました。それは「自分のことは、自分だけで決めない」ということで、いくら「自己決定」といっても、人とのつながりを失い、孤立と孤独の中での「自己決定」は、危ういという経験則が生み出したものです。それは、自分自身が最も力を発揮できるのは、自分の無力さを受け入れ、さまざまなこだわりや捉われの気持ちから開放され、自分自身と人との緩やかな信頼を取り戻すことができたときだということを、知っているからです。自己決定とは「自分だけでは決めない」という、人とのつながりの確かさがあってこそ、成り立つ態度ということもできます。その意味で「当事者」であるということは、単に医学的な病気や障がいをかかえたことのみをもって当事者というのではなく、自分自身の「統治者」になろうとするプロセスであると言うこともできます。

三、さあ、はじめよう！「当事者研究」

広義の当事者研究、狭義の当事者研究

まず、最初にお伝えしたいのが、当事者研究には「広義の当事者研究」と、「狭義の当事者研究」があるということです。図のように「広義の当事者研究」は、「自分自身で、共に」の理念に象徴されるように、どのような出来事に直面しても「共に研究する」という発想を手放さないこと、一人ひとりの固有の経験を重んじ、共に生きようとする発想でつながり、研究成果を共有する「研究者」のネットワークであり、それを活用したシステムだということです。具体的には、当事者研究の全国ネットワークや浦河で培われてきた精

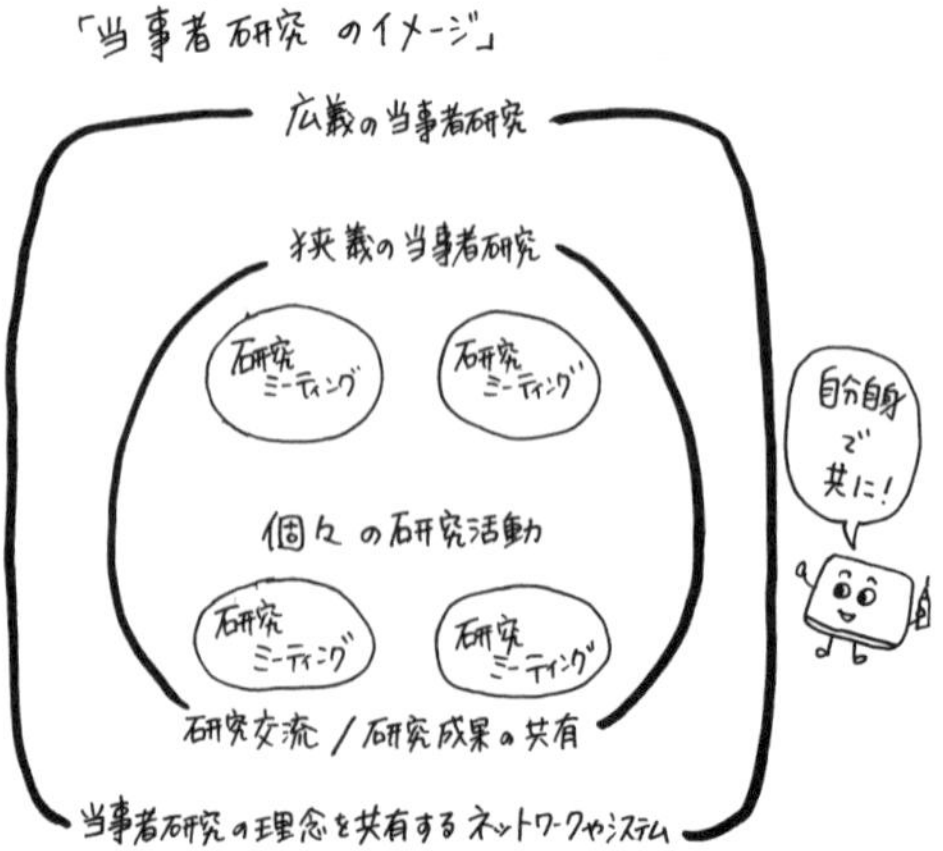

神保健福祉システムをさします。

もう一つが「狭義の当事者研究」で、個人、もしくはグループで行われる実際の研究ミーティングなどの研究活動です。

研究の進めかた

㈠まずは研究してみる

二〇〇一年にはじまった当事者研究の研究活動は、報告されているだけで五〇〇事例を超える研究がなされてきました。そこに共通しているのは、日常生活の出来事や体験を「研究者――リサーチャー」の目線で切り取り、実際に研究してみる、という研究スタイルです。いままで悩んだり、一人でかかえて困ったりした出来事から距離を取り、ちょっと〝他人目線〟でゆっくりと眺めてみる、というイメージです。先日、当事者研究の集まりでおもしろい話を聞きました。

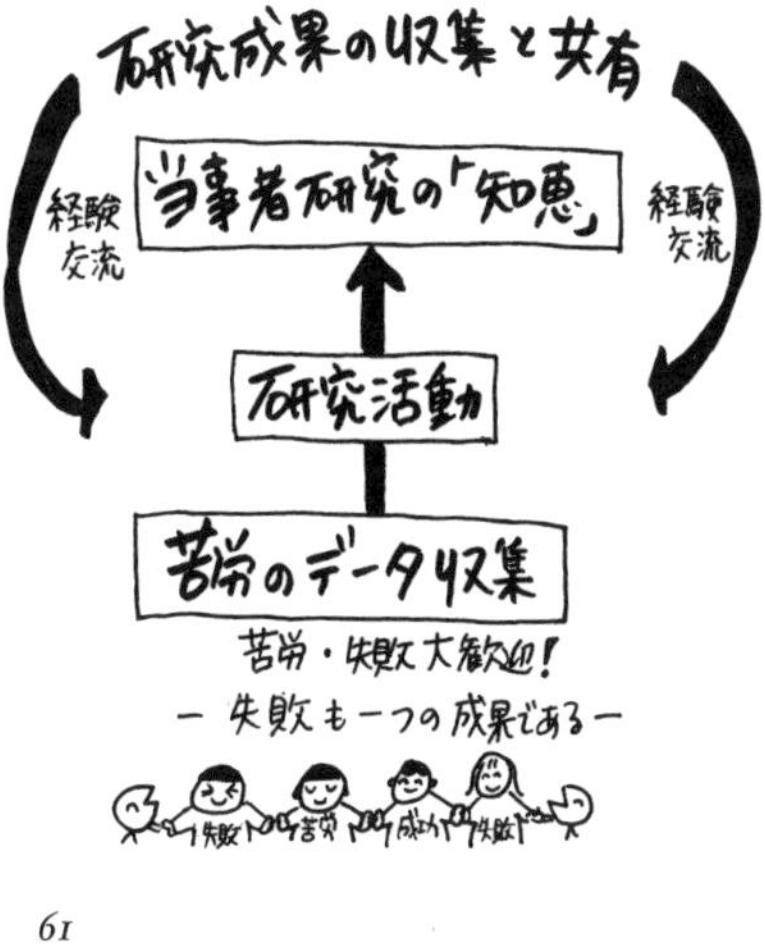

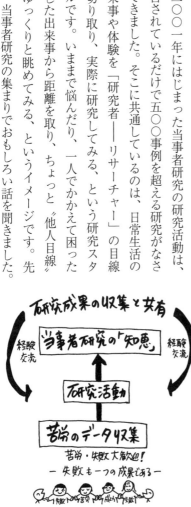

「周りから見られている」「監視されている」という不安をかかえる青年が、それを確認するために、街中を白衣で歩くという奇抜な実験を試み、その反響をネットで確認する、というフィールド・リサーチを試みたというのです。その結果、まったく反響がなかったというのです。そこで得られた結論は「誰にも監視されていない」というものでした。しかし、ここに当事者研究ならではの〝落ち〟があります。当事者研究の先行研究では、「周りから見られている」という現象は、「誰にも覚えられていない」という社会的な存在基盤を見失った「つながりの喪失」の危機から回復しようとして身体がおこなう〝復旧工事〟の一つである、ということです。つまり、「見られる」という形で、とりあえずの〝つながりモドキ〟が起きるという理解です。ですから、青年の「誰にも監視されていない」という発見は、〝残念ながら〟「誰にも関心を持たれていない」という現実を再確認するという結果になったわけですが、唯一、いままでと違っているのは、その結果を報告する仲間のつながりが生まれている、という事実です。いわゆる「研究つながり」が生まれたのです。

このように、研究の基本は、何よりも「まず、やってみる」ということです。研究ですから、そこには「問い」が必要になってきます。一番わかりやすいのが「解決（解消）したいこと」からはじめることです。当事者研究の醍醐味は何といっても「コツコツと〝失敗〟を重ねる」ことです。エジソンも言っているように、失敗とは「このやりかたは効果的ではない」という一つの発見であり、成果なのです。

(二)先行研究の活用

当事者研究は、その名のとおり「研究活動」ですので、一般的な大学などで研究に取り組んでいる研究者の研究の進めかたが参考になります。研究は、大きく分けると現象や研究対象からアンケートなどで集めた情報を数字に置き換えてデータ処理することによって研究テーマを解き明かそうとする「量的研究」と、書かれたり、話されたりした言葉を整理、分析して研究テーマに接近する「質的研究」に分類することができます。その点で言うと、当事者研究の研究活動は、「質的研究」と「量的研究」が、ユニークに混じりあい、研究のスタイルも自由に本人が思いついたやりかたで進めることができます。

人前に出ると起きる「緊張感」を数字に置き換え、毎日の変化をグラフにして、その変化に影響する事柄を考える研究、自分の辛い過去の出来事を「岩石」に置き換えて、その岩石の扱いかたについての研究をする人、自分にしか見えない〝山姥《やまんば》〟とのつきあいかたの研究を続けている人もいます。

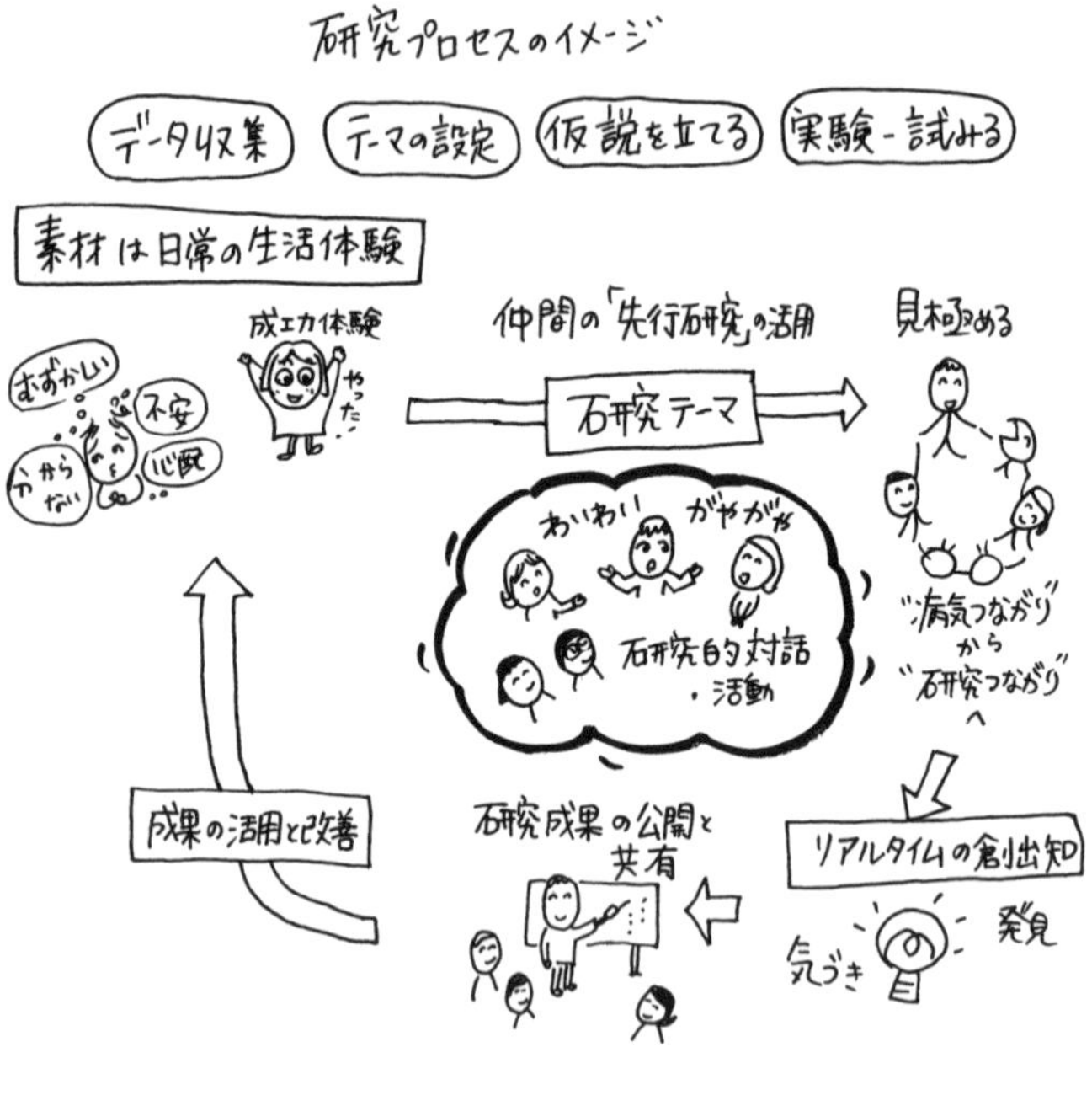
研究プロセスのイメージ
データ収集
テーマの設定
仮説を立てる
実験ー試みる
素材は日常の生活体験
成功体験
やった
むずかしい
不安
わからない
心配
仲間の「先行研究」の活用
研究テーマ
見極める
わいわい
がやがや
研究的対話
・活動
"病気つながり"
から
"研究つながり"
へ
リアルタイムの創出知
気づき
発見
研究成果の公開と
共有
成果の活用と改善

そこで大切になってくるのが、先行研究です。一般的な研究は、基本的に「人と同じ研究をしない」という原則によって成り立っていますので、先行研究にあたるというのは、必須条件となります。ところが、当事者研究は、一般の研究がめざす「誰にとっても共通して有効な原理」にこだわらずに、「私に何がおきているのか」という個別性を重視しますので、先行研究にこだわる必要はありませんが、それでも、仲間の先行研究はとても参考になります。「幻聴さんに襲われたときには喧嘩をしない。もてなす」という先行研究があっても、もてなしかたも、千差万別です。お茶でもてなす人や紅茶が〝効く〟人もいます。ただ、ここで大切になってくるのが、それは単なる〝テクニック〟や〝方法〟の問題ではないということです。それらを「発見するプロセス」が重要であり、当事者研究の理念である「自分自身で、共に」に象徴されるように、自分以外の仲間（他者）との「対話のプロセス」が大切になってきます。

(三)「自己病名&苦労ネーム」

当事者研究からはじまった研究活動の特徴の一つに「自己病名（苦労ネーム）」があります。これは、医学的な病名ではなく、自らのかかえる症状や苦労に対して、自分がもっともイメージしやすい言葉や比喩を用いて名づける、という〝あそび心〟からはじまったもので、「自分の苦労の主人公になる」ための重要なプロセスの一つです。ちなみに私の自己病名は「先天性物忘れ症候群あきらめタイプ」です。子どものころから、教科書や絵の具などの忘れ物が多くて、いつも叱られていましたが、いまも治りません。得するのは、嫌なこともすぐ忘れ、気分の切り替えが早いことです。大切なのは、忘れないように努力する以上に、諦めて、忘れることを前提に、自分の自己病名を周知しながら暮らしていることです。持ち物にも、全部、名前を書いています。

統合失調症をもっている一人のメンバーは、パチンコにはまり、週末になるとお金がたりなくなり、困ると仲間にお金を借りるようになりました。その結果、食事も、通院も不規則になり、体調を崩してしまいました。そのメンバーが仲間といっしょに考えた自己病名は「週末金欠症パチンコ依存タイプ」です。この自己病名は、当事者研究の活動がもつユーモア性にとって欠かせない作業です。

(四)自由な発想ではじまる研究活動

研究活動は、自分と他者との「自由な対話」がベースとなります。だからと言って堅苦しく考える必要はありません。研究に、正しい研究や間違った研究があるわけでもありません。ある意味では、研究の行き詰まりや、つまらないと感じる研究ミーティングも大切だと思います。大事なのは、次にそれをどのように活かすか、という発想です。ここでは、浦河において「当事者研究」の研究活動や研究ミーティング（べてる式当事者研究）がどのようにすすめられているかを紹介します。

まず、おさらいをすると、当事者研究は前述したように、あくまでも、「理念や発想の集積」であり、それを実現するための仕組みや研究ミーティングなどの進めかたは、基本的に研究者自身に委ねられている、ということです。時々、「正しい当事者研究」を前提に、コメントを求められることがあります。しかし、べてるが会社（一九九三年有限会社福祉ショップべてる）を設立するときのミーティングで、みんなが自信がなく、消極的であったときに、一人のメンバーの「あんたたちみたいな頭がおかしい人たちが会社やれたら、世の中の人って苦労しないよね」という不適切な発言によってみんなの心に火が付き、「会社をつくるべ」となったように、何が幸いするかわからない不確かさやハプニングを生みだす柔軟性が研究の原動力になり「対話」を促進させるのです。

そこで、大切になってくるのが「苦労の取り戻し」の視点です。べてる式の当事者研究は、ともすれば精神科医に治してもらったり、専門家の手に委ねるしかなかった〝こころのトラブル〟という自分ではかかえきれない苦労や生きづらさを、もう一度、「自分事」として引き寄せて、時には顕微鏡や双眼鏡で観察したり、自分の身体の中に観測基地を設けるような感じでデータを取る〝ラフ〟なスタイルですすめるところに特徴があります。ありがちな「自分を見つめる」とか、「自分をさらけ出す」などと肩に力を入れる必要もありません。むしろ、「問題意識」や「原因追及」の立場から離れて、「興味」や「関心」というところから考える習慣をもつことが、研究を促進させるポイントになります。

㈤研究ミーティングの進めかたと大切なこと

べてるでは、それぞれの研究を促進させ、応援する環境を整えています。それは、かつて精神医療が「精神医学＝精神〝囲〟学」「看護＝〝管〟護」「福祉＝〝服〟祉」という、囲い込んで、管理して、服従を強いる構造の上に成り立ってきたという歴史の反省の中から学んだもので、先にも紹介した「〝非〟援助の援助」を成り立たせているものです。

その意味でも、研究活動を促進するもっとも大切な条件は、その人の暮らす場が「民主的」な環境であることが大切になってきます。最近、精神科病院や地域の事業所でも当事者研究の発想を取り入れ、研究ミーティングをはじめるところが多くなってきていますが、その大原則が「民主的」であることです。民主主義とは、自由を制度化したものであると言われているように、他者による支配や過剰な保護、管理は、当事者にこころの自由を失わせ、「見ざる、聴かざる、言わざる」の状態を生み出し、本人をますます〝病気の世界〟に閉じ込める結果をもたらします。その民主的な環境を作り出すために「当事者研究」があると言っても過言ではありません。

それを前提として、べてるでは、次の点を大切にしながら研究活動を続けています。

①本人の主観的な理解や対処方法を尊重し、ユニークで、当事者自身にとって有益な方法やアプローチのしかたを、自由に話し合い、語り合える雰囲気作りに心がける。
②研究ミーティングの中で、「人」と「問題」を分けて考えること、みんなが視覚的に理解できるように、絵やイラスト、ロールプレイ、板書、アクションなどを積極的に活用する。
③テーマごとに「研究班」を立ち上げ、当事者がリーダーとなり、継続的な研究活動を続け、みんながその活動に参加し応援をする。
④定期的に、研究の成果を発表する機会を設ける。発表にあたっては、視覚的効果に留意してポスターやパワーポイントなどを活用する。
⑤研究成果から生まれた実践知は、専門家のもつ知識や技術と基本的に対等な価値をもつものである。

⑥統合失調症などをもつ人がかかえる固有の生きづらさ（いわゆる幻覚や妄想なども）は、本人が体験している世界への理解を助ける適切な情報へのアクセスと有効な対処のしかたを習得する機会の欠如、さらには孤立や孤独によってもたらされたものである。

⑦当事者を助ける主役は、「当事者自身」であるとするエンパワメントの視点にたった理解と姿勢が、本人の「研究意欲」を高めることにつながる。

⑧支援者も、当事者の一人として自分の研究テーマをもち研究活動に参加する。

以上のことに留意しながら、浦河では研究活動が実践されていますが、実際の取り組みかたを整理すると、三つのスタイルに分けて考えることができます。

一つめは「当事者研究の基本スタイル」です。これは、さまざまな苦労のテーマをかかえる一人ひとりが、日常生活の中で、時と場所を選ぶことなく、苦労のデータ収集をし、時々、仲間やスタッフと一緒に考察を加え、発見したことを発信していくという進めかたです。これは、大勢の人のなかに入っていくことが難しい人たちが最初に取り入れている基本的な活動スタイルです。

特に統合失調症などをもつ人たちは、日常現実のちょっとした出来事にも敏感に影響され、それをきっかけに、不安感がまし、身体に不快な症状が起きたり、〝妄想さん〟や〝幻聴さん〟が暴走したりします。その中で、現実にかかえている苦労と、起きている体調の変化を観察（セルフモニター）して、自分なりの理解に基づいた〝自分の助けかた〟を模索し、それをいろいろな場面で試してみる（実験）という発想で研究を続けることによって、思いもよらなかったアイデアが生まれ、生きやすさにつながることがあります。

次が、マンツーマンで、時には小グループ（研究班）ですすめるスタイルです。研究活動は、できるかぎり、多くの人のアイデアや、意見によって磨かれることによって、ユニークな発想が生まれます。もう一つは、たくさんの人たちの前でおこなう研究スタイルです。多くの人たちの前でする研究は、ちょっと緊張しそうですが、思いのほか多くの人たちとの出会いを生み、データも集まりやすく研究が進みます。実際は、この三つのスタイルが、自由に組み合わされ、研究は深まってきます。そして、一番大切なのは、研究成果の公開と共有です。当事者研究が、単なる体験発表ではなく、「研究活動」である証として、公開と共有は不可欠なもので、各地で研究発表会がもたれ、全国交流集会も開かれています。

㈥研究の活用事例――こんな場面で使っています

その一、治療や相談援助場面での活用

当事者研究のあらたな動きが、当事者研究のもっている発想と研究成果を精神科医療や相談援助の現場に活かしていこうとする動きです。当然のように、自助活動としてはじまった当事者研究の研究活動と専門家の治療や相談援助は馴染むのか、という疑問と戸惑いの声があります。

しかし、科学的な根拠をベースに治療や援助を組み立ててきた伝統的な治療・援助モデルが行き詰まりをみせる中で、精神障がいを体験した人たちの経験から立ち上がった「リカバリーモデル」が、世界共通の概念として受け入れられ定着していることから考えると、当事者研究から生まれた発想や理念、実践知が専門家の領域に受け入れられ、協同する流れは自然なことで、

「臨床における当事者研究の原則」（花巻の原則）

〈原則〉	〈臨床における態度〉
1.“非”評価的／“非”援助的態度	スタッフは本人の語りに対して内容が妄想的かどうか、何が問題か、などの評価を伝えたり、否定したりしない。治療的・支援的態度を少なくする。
2. 外在化した態度―人と問題（こと）を分ける	「問題（こと）」に対しては批判的でも、「人」に対しては常に共感的・肯定的な態度を大切にする。
3. 積極的関心	あいまいな語りや本人の独特の言葉遣いに対しては、その人の生きる世界を理解するために、積極的な関心を示し、質問したり対話を重ねながら聴き、意味を解き明かしていく。
4. 対話の三角形	どんな場面でも、経験や出来事（テーマ・問・課題）を自分たちの前に置き（三角形をつくる）研究的対話を重ねる。
5. 経験の見える化	内容の視覚化、データ化に努め、パソコンなどを見ながら本人と一緒に図式化したり、ホワイトボードに絵やグラフ、流れ図を描いたり、時にはアクションを交えながら研究的対話を深める。
6. 出会いの創造（仲間づくり）	研究をつうじて出会いがうまれて成果が共有され、地域のネットワークとつながることを意図する。

精神看護 2017MAY　高橋昇「アナザーワールドを大切にすればリアルワールドでやっていける」を改変

むしろ、世界的な潮流ということができます。

その取り組みで実績がある国立花巻病院の取り組みから生まれたのが「花巻の原則」です。従来からの精神科治療では、好転しなかった統合失調症をもつかたが、このような発想を用いた関係づくりの中で、回復していった経験から生まれたこの原則は、当事者研究がスタッフと統合失調症をかかえる本人に「状況把握感――何が起きているのか」を促し、「対処可能――何とかなりそうな見通し」を生み出し、自らの経験に「有意味感――体験の意味がわかる」をもたらすのではないか、という仮説が成り立ちます。

その二、「声」に振り回される女性

三〇代の統合失調症をかかえた女性の事例です。「電話をかけろ」「受診しろ」という〝幻聴さん〟に影響されて、強迫的に電話をかけたり、病院を受診して鎮静剤の注射を求めるなどの行動が頻繁にくり返されました。それに対して研究ミーティングをとおして〝命令幻聴さん〟に、仲間でニックネームをつけて、強迫的な行動を強いる声が聞こえるときの生活上の条件を共に研究し、仲間にもインタビューをしてデータをとりました。すると、お腹が空いたとき、お金がないとき、暇なとき、お薬の飲み忘れ、寂しいときなどに起きることがわかりました。それを仮説として取り上げ、実際の生活場面で検証を試みた結果、かなりの相関関係が認められ、それに対応

した〝自分の助けかた〟を考案し、セルフコントロールが可能となりました。特に、幻聴さんの命令に振り回される人は、孤立や孤独傾向が強いということで、仲間づくりが大切ということで、そのかたは仲間と出会う機会を増やすようにしました。

以上が、大まかな当事者研究の研究活動の骨子です。これを、参考に読者のみなさんも、ぜひ自分なりの研究活動に挑戦してみてください。

第二部　「弱さの情報公開」をはじめよう——「当事者研究」の実際

「べてる菌感染症の研究」

川村　敏明
向谷地生良

1　はじめに——べてる菌感染症とは

べてる菌感染症とは、一九九〇年代より北海道浦河町を感染源として発見された強い感染力をもった難治性の疾患の一種で、未だに有効な治療法は見出されていない。俗にべてるに出合うと「病気」がでると言われ、関係者を恐れさせている。基本的に潜伏期間は短く、浦河滞在中に感染し、帰った後に発症する事例が多いが、滞在中に症状が顕在化する例も珍しくない。最近は、人を介した感染から、ビデオや本を通した感染経路も明らかになっており、その感染問題は、深刻さを増し、一部の関係者を憂慮させている。特に強い感染者は通称「べてらー」とよばれ、べてる菌を拡散させる諸悪の根源と考えられており、早期の対応が望まれる。

2　主な症状

感染者のかかえる主症状を観察した結果、以下のことが明らかになった。

①初期症状としては「脱力感」が生じる。あまり、物事を深刻に考えることを止め、気楽に考えるようになる。

②抑うつ症状が出現し、いままでに考えなかったことを考え、見なかったことを見るようになり、そのことから、一過性の抑うつ状態に陥る。自分が阿呆らしくなるという感覚も伴い、いい加減になってくる。

③「昇り」に弱く「息ぎれ」をしやすいだけではなく、「昇る」局面に関心が薄れ、「降りかた」が上手くなる。生活面では、張り合わない、競争しないという傾向が強まる。

④忘れることが上手くなり、気持ちの切り替えが早くなる。

⑤嗜癖性がある――何度も浦河に足を運ぶようになる。その結果、「べてらー」と言われるようになる。

⑥浦河に来るための交通費がかさみ、お金が貯まらなくなる。

⑦出世することに興味が薄れ、出世しなくなる。

⑧語りだす。

3　べてる菌感染症の拡大要因

①「体質」が関与しているものと思われる

②「複合汚染」と考えられる

③拡散要因

調査の結果、最初の感染者は新潟のえにしや「清水義晴氏」であることが明らかとなり、十六年前から、清水義晴氏により、全国各地に菌が撒き散らされ汚染が広まったものと判明した。さらには、菌の拡散の要因として映像作家の「四宮鉄男氏」原因説が急浮上、特に一九九五年に、会津若松商店街を最初の資金源とし「ベリー・オーディナリー・ピープル」の映画の映像という悪質な手段を用いて汚染は拡大したばかりでなく、次々に出版された新作ビデオによっても広まったものと推察される。さらに深刻なのは、不況にも強い耐性をもつ、新型べてる菌が鹿児島県川辺町において猛威を奮いはじめている――べてる菌萌型と命名――ことである。これは、べてるの家の活動に関心をもった児玉病院のソーシャルワーカーが浦河町に来町、それを契機に清水義晴氏との接点が生まれ、商店街の中に会社を作り、繁盛しているようである。ここでも、清水・四宮両氏の関与が疑われている。

さらに、深刻な事態として、憂慮すべきは、世代間伝播である。その結果、池袋に「エムシーメディアン」という会社が設立され、この感染が着実に若い世代に受け継がれていることである。

4　今後の対応

べてる菌感染効果の研究をし、特に今後の研究課題として、菌が人と場にどのような感染効果を発揮しているかの検証をしたい。その中でも、感染者のネットワーク化が図られることが望ましい。

「〝劇場型〟統合失調症」の研究――小泉さん幻聴と霞ヶ関の仲間たち

発表者　千高のぞみ
協力　松本寛　伊藤知之　清水里香　向谷地生良

一、はじめに

幻聴さんとのつきあいは本当に大変だ。私の場合はいろいろな幻聴さんが出てきて、喧嘩をふっかけてきたり、ねちねちとまとわりついてきたり、嫌なことも多い。

特にヤクザ幻聴とチンピラ幻聴には、もういい加減にしてほしいという感じだ。その幻聴は、本当に私を蹴ったり殴ったりする。殴られたところは本当に腫れてヒリヒリするので、シップを張ることもある。

扱いに困ったときには、警察に電話をする。しかし本当の警察はあまり頼りにならないので、〝幻聴の警察〟に連絡する。〝幻聴の警察〟はサイレンを鳴らしながら来てくれる。そして、チンピラ幻聴に困っている私のところに飛んで来て、彼らを連れて行ってくれる。連れて行かれるときのチンピラ幻聴は、ギャーギャー言ってうるさい。

それでも最近は、警察に助けを求める前に、べてるのスタッフや仲間や向谷地さんにも電話で相談することの方が多い。その方が、より安心だからだ。

そんななかで、大切な幻聴さんもある。〝小泉さん幻聴〟である。そう、あの総理大臣の小泉さんが、自分の幻聴さんとして私のなかに現れるようになって、もうすぐ二年が経つ。最初はかすかに聞こえてきただけだったが、一年ほど前から幻聴さんの主役になってしまった。

幻聴の小泉さんの周りには、武部さん、麻生外務大臣、森前首相、橋本前総理も出てきて、いろいろと生々しいやりとりをしている。最近は、幻聴の北朝鮮の総書記金正日が出てきてびっくりした。私の幻聴さんの世界もだんだん国際的になってきた。

加えて小泉人気の影響で、私の幻聴さんも忙しくなってきた。そんなとき、当事者研究に誘われた。講演に行くついでに国会に行ってみたいと思っていたので、当事者研究をしたらそんな機会もくるかもしれないと思い、私の幻聴さんの世界を整理してみることにした。

二、プロフィール

私が統合失調症になったのは、高校を卒業した直後である。就職試験に落ちたことをきっかけに、だんだん家に閉じこもるようになった。ほとんど二階の自分の部屋から降りてこなくなり、両親が心配して浦河日赤病院に相談に行ったらしい。

十九歳だった当時のことは不思議とあまり記憶にない。覚えているのは、漠然とした不安や実感のない生活、そしてソーシャルワーカーの向谷地さんが二階に上がってきて自分に声をかけてくれたことぐらいだ。向谷地さんを見て「この人は誰だろう」と思った記憶がある。

当時の私は、昼に寝て、夜になると活動をして、冷蔵庫から勝手に食材を二階に運んでままごとのように自分で調理して何とか暮らしていた。そのうち外を出歩くようになり、一二〇キロ離れた町まで目的もなく列車に乗って行き、警察に保護されて病院に入院することになった。高校を卒業してから入院までの一年あまりは、まるで夢のなかをさまよっていたような感じがする。

日赤病院に四か月入院したあとは、病院の近くのアパート「レインボーハウス」で一人暮らしをすることになった。一人暮らしといっても、隣の部屋は、現在、統合失調症をかかえながらニューベてるの施設長をしている清水里香さんだったので、安心だと思った。

しかし、初めての一人暮らしと、自分の病気をはっきりとわかっていなかったこともあって、あまり人と交わらない生活が続いた。お陰で、不安やストレスはすべて食べることで解消をする癖がついて、どんどん体重ばかりが増えていった。お隣の清水里香さんも体重増加に励み、競うようにお互いに順調に太っていった。

話し相手はいつも母親だった。でも電話では「掃除をしなさい」「洗濯をしなさい」「ちゃんと栄養のあるものを食べなさい」「身奇麗にしなさい……」といろいろと言われて口喧嘩になってしまうことが多かった。その頃から少しずつ、テレビで見たことが幻聴さんとして聞こえてきていた。

そんなことから、訪問看護に来てくれる看護師さんや仲間が心配して、グループホームへの入居を勧めてくれた。両親も賛成してくれて、いまから四年前に現在のレインボーハウスに移り、八人の女性メンバーと暮らすようになった。

仕事は、べてるの地域交流拠点の「四丁目ぶらぶらざ」で店番をして、商品の管理と販売の担当している。千高さんが、店番をするとすぐ試食品が無くなると言われているが、試食をすることによって、製品の味が変わったりしてもすぐわかるので、ほめられた。

三、研究の目的

このたびの研究の目的は、いろいろな幻聴さんがやって来て自分をかき回したときに、どのように対処してきたかをまとめることである。

みんなは「千高さん、よくやっているね」と言ってくれる。幻聴さんに殴られたり、幻聴の小泉さんと森前総理のぶつかり合いの板ばさみになったり、大変である。そういうとき、仲間に相談したり、警察に一一〇番したり、いろいろな手を使ってきた。

それを今回、幻聴さん分野ではプロといわれる三人のメンバーの協力をもらってまとめてみた。

四、研究の方法

向谷地さんと、協力してくれる三人のメンバーからインタビューを受け、それに私が答えるという方法を取った。私の話したことはＩＣレコーダーとビデオで取り、伊藤さんがメモを取ってくれて、それを整理する方法をとった。

五、私の幻聴さんのパターン

幻聴さんには、最初に紹介したように三つのパターンがある。「永田町幻聴」と「チンピラ幻聴」、そして「自分の分身幻聴」である。

その幻聴さんがひどくなりはじめたのは二年前からである。小泉さん幻聴がわずかに聞こえてきていたが、それに途中から、最初に紹介したようなチンピラ幻聴が加わってきた。チンピラ幻聴と永田町と霞ヶ関がそのまま私の幻聴の世界に移ってきて、ガヤガヤするようになった。そこに北朝鮮問題が絡んできて、私は大混乱するようになった。

先に、紹介したように、私の幻聴さんは、居てもいい幻聴さんと、消えてほしい幻聴さんの二つに分かれる。居てもいい幻聴さんのトップはもちろん小泉さんである。そして、その周りに麻生、竹中、安部さんが囲んでいる。森、橋本前総理は、時々出てきてはウロウロしている。

最近の新しい出来事として小泉チルドレンも登場することだ。杉村太蔵議員もチョロチョロしている。そして、定期的に幻聴さんの閣議が開かれて、終わった後は黒塗りの車が小泉さんを迎えに来る。その様子が、私にははっきりと見える。

小泉さん幻聴のいいところは、何といっても、自分を誉めてくれることだ。「千高さん、がんばってるね」とあの笑顔で言われるとたまらない。そして、私をいじめるチンピラ幻聴を注意してくれるところが頼もしい。

「永田町幻聴」の主役である小泉さん幻聴は、毎朝私のところに八時には出勤してくる。ちゃんとスーツを着て私の前に現れる。私を呼ぶときには「千高さん」とか「のぞみさん」と言ってくれる。時々、「のぞみ」と言うこともある。幻聴の小泉さんのよいところは、優しいところである。帰りは毎日きっかりと、五時である。幻聴さんの運転手が、黒塗りの車を運転して迎えに来るのが見える。

次に「チンピラ幻聴」であるが、チンピラ幻聴は全部で一〇〇人くらいいるような気がする。やって来るのは東北地方からである。いつもその方向からやってくる。格好は一見普通の姿だが、特徴は頭が禿げていることである。

チンピラ幻聴に襲われて、困ってしまって向谷地さんによくSOSの電話をする。「向谷地さん、また頭が禿げた幻聴さんが私を叩いてきて困っているの……」。そう言うと、最近、頭が薄くなってきて気にしている向谷地さんが、「それって、僕のこと……？」と勘違いするので笑ってしまう。

チンピラ幻聴は、いつも私に「金を貸せ！」と言って怒鳴ってくる。私もカチンときて、「あんたに金を貸して、返ってくる保証があるのか！」と言うようにしている。すると幻聴が逆ギレを起こして、私を叩いたり蹴飛ばすという被害にあう。本当に困ったものだ。叩かれたところは紫色に腫れ上がり、顔もヒリヒリする。腫れたところには、シップを張って手当てをしている。

最後に「自分の分身の幻聴さん」であるが、朝起きると、自分の身体が二つに裂けたり、頭がボロッと取れたり、裂けた身体が私に断りもなく勝手に好きなところに行ってしまうということが起きる。これが起きたときには、本当に驚いた。朝起きたら、急に首が取れたときにはびっくりして日赤病院の救急外来を受診した。後で向谷地さんに報告したら「よく、首を忘れないで持って行ったね」と感心された。

六、私の対応

私の幻聴さんへの対応をまとめると次のようになった。

一番手っ取り早いのは電話での相談である。これを「電話の乱れがけ」という。困ったときにはとにかく電話をする。一番電話をかける相手は、何といってもソーシャルワーカーの向谷地さんである。電話をかけるのは、嫌な幻聴を退治するのに一番効きめのある人だからである。

浦河では、幻聴さんにいじめられても喧嘩しないで丁寧に、「今日は疲れているので、お帰りください」と頼むとよいと仲間から教えてもらった。それで自分も、「幻聴さん、あまり怒鳴らないでください」と頼んでみた。そしたら少し効きめもあったけれど、「何それ？」と言って簡単にあしらわれてしまうことも多い。

そんなときに向谷地さんに電話をしたら、「ちょっと、電話に幻聴さんを出してくれる……？」と言って私に代わって幻聴に向かって、「……幻聴さん、あんまり千高さんをいじめないであげてください」と優しく断ってくれた。そうしたら、チンピラ幻聴もさすがに「わかったよ」と言って帰ってくれた。

他のスタッフもそれはおもしろいと言って同じようにやってくれたけれど、向谷地さんのような効きめはなかった。幻聴さんも人を選ぶようだ。

しかし対応に困るのは誰とも連絡がつかないときだ。そういうときには、思い切って〝幻聴の警察〟を呼ぶことにしている。すると、ちゃんと逮捕して連れて行ってくれた。また別なときには、幻聴の小泉さんが助けてくれることもあった。いい幻聴さんと普段仲良くしていると、困ったときに助けてもらえる。

一番手がかかるのは、「自分の分身の幻聴さん」とのつきあいである。身体が二つに裂けたり、自分の頭がボロッと取れたり、裂けた身体が勝手に遠くに行ってしまうからだ。首が取れたときには、早朝で迷惑だと思ったが、あわてて日赤病院の救急外来に駆け込んだ。

そのあと向谷地さんに報告したら、「首を忘れないで持っていったのかい？」「途中で首を落とさなかった？」「救急の先生とは、誰が話したの？　首？　それとも……」と、笑いながらいろいろと聞かれたが、焦っていたので覚えていない。

一番びっくりしたのは、身体が半分に裂けて勝手に東京に行ってしまったときである。

「向谷地さん、あのね、びっくりしないでね。実はね、身体が半分に割れちゃったの……。私東京に行ってみたいなぁって思ってたらね、勝手にね、身体半分が先に東京に行っちゃって、帰ってこなくて困ってるんだけど……。行き先はね、小泉総理のところだよ」。

そう言ってSOSの電話をしたら、しばらく向谷地さんの笑いは止まらなかった。

向谷地さんはすごい人だ。「じゃ、今度東京に行ったら、右半分を連れてくるからね」と言って、この前本当に連れてきてしまった。「連れてきたよ。ちゃんと帰るように言ったから、もうすぐ着くはず……」と言われた途端、身体に不思議な感じが起きて、ちゃんと右半分が帰ってきたような気がした。

あと、効きめがあるのは食べることだ。幻聴さんがうるさいときは、仲間やべてるのスタッフに「誰か私とご飯を食べたい人、いませんか?」と電話して食事に誘う。支払いは、一緒に行った人に出してもらって、あとで払うようにしている。幻聴さんとつきあうための食費が馬鹿にならないのでいつも金欠である。

七、幻聴さんとのつきあいの苦労でわかったこと

幻聴さんとの長いつきあいで、仲間やスタッフに相談しつつ苦労しながらやってきて、わかったことがいくつかある。

仲間から「意地悪をするチンピラ幻聴も、実は千高さんを好きなんじゃないの？」と言われたときである。「そうか、意地悪幻聴さんは、私を好きだからチョッカイを出してくるんだ」と考えたとき、謎が解けたような気がした。好きな人に意地悪をするということは、よくあると思ったからだ。

それと、お金がなくて困ると、チンピラ幻聴が襲ってくというパターンもわかってきた。そして、いままで人と話すことが苦手で閉じこもることが多かった私が、幻聴さんの苦労をかかえることによって、人とかかわる機会が増えていることもわかってきた。

幻聴さんのお陰である。

八、おわりに

昨年は、私の幻聴さんが話題になり、べてるまつりで由緒ある『ぱぴぷぺぽだったで賞』をもらった。名前を呼ばれたときには本当にびっくりした。

もらった賞状には、こう書いてあった。

「あなたはバレンタインデーになると大量のチョコを買い込み、お気に入りの男性への配布に努めながらも、気が変わり回収にはげみ、あげたはずの人からもらって食べた他、小泉首相が大好きで、〈小泉首相と会いたいんだけど、友達の人いませんか〉と相談の電話をかけるなど、この一年抜群のパフォーマンスで場の活性化に貢献されました。よって、ここに『ぱぴぷぺぽだったで賞』と、記念として来年のバレンタインデーでチョコを回収するためのカゴと、小泉首相にチョコを贈るための包み紙を差し上げます」。

今年もバレンタインデーが近づいてきた。もちろん幻聴の小泉さんにも買ってある。二月には小泉さんのお膝元で、初めての講演デビューも計画されている。

（本稿が執筆されたのは、もちろん小泉政権時です）

「〝人格障害〟の研究」

しあわせ研究所人格障害系研究チーム
西坂自然　山本賀代　秋山里子　加藤木祥子
吉田めぐみ　向谷地生良　下野勉　文珠四郎・弥生

一、はじめに

私のような「人格障害系」とされる行動パターンをもつ人は医療にとっては「治しにくい」と思われる対象のようである。薬が効かない、どういった病気なのかが判然としない、トラブルを起こすので対応しにくい、医療者が感情的に巻き込まれてしまう、などがその理由となっているようだ。

そもそも人格障害は精神科医療の対象になるのか、病気と名づけていいものなのかと考える人もいる。私は精神科にかかった当初、病名をつけてもらうことができなかった。そして五年くらい経って症状が落ち着いた頃に、主治医から『「人格障害」という病名をつけると医療者が治療を進めようとしなくなる。だから来院時はあえて病名をつけなかった』と言われた。

私はその頃、自分のさまざまなトラブル行動の原動力となっているのは「淋しさ」や、「自分の居場所がない虚しさ」だと感じていた。私は、それらが医療の力で解決できるとは期待していなかったように思う。私は強迫などの症状があったから精神科に行ったが、それから長い間トラブル行動をくり返しながら、「淋しさ」と「この世のどこにも居場所がないと感じるつらさ」を持て余し続けて生きていた。

どうすれば自分の「淋しさ」が埋まるのか私はずっと途方に暮れていた。そのつらさが蓄積するたびに迷惑行動などを起こして一時的な逃避を続けてきたのであるが、それは一時的なものにすぎないことが自分でもうっすらとわかっていた。

私はいま振り返ってみて、自分の症状が落ち着いてくるきっかけとなったのは、医療の力ではなく、当事者の仲間や同好会のグループの仲間がもつ力によるところが大きいのではと感じている。そして「自分で自分の面倒をみる」こと、自分で自分を助けることによって、長い間くり返してきたトラブル行動、およびその行動によって人間関係を破壊するというサイクルから少しずつ脱出してきたように思うのである。

二、研究の目的

「人格障害」とされる人は人間関係でのトラブルや、器物破損、自傷、他害、異性問題、大量服薬、引きこもり、摂食障害、不安発作、多量服薬など社会的、倫理的規範からはみ出した行動を起こす場合が多い。また、そうした行動によってうまく人間関係を作れなくて、自ら関係を壊してしまう。したがって、周囲の人たちはどう関わっていいかわからなくなり、本人の行動や感情に巻き込まれてしまうことが多い。

そこで、私のような「人格障害系」とされる人たちのかかえる生きづらさの意味と、また私たちが安定した気持ちで生きていけるために、またはいくらかでもまとまりある生活を維持していくために何が役に立つのかについて考えてみたい。

三、研究の方法

まず最初に自分の苦労してきた病気の症状をいままでの経過を振り返りながら書き出した。そしていわゆる人格障害系の苦労をかかえて苦労しているべてるのメンバーに協力してもらい、その原案を下敷きにして数回のミーティングをおこなった。べてるのメンバーが最初にあげてくれた生きづらさのテーマは「自分のコントロール障害」「迷惑行動」「異性関係の問題」「自傷」「摂食障害」「買い物依存」などである。

そしてそれらのトラブル行動の原点となっているものは何なのかという課題とともに、人格障害とはいったいどういうものなのか、それらが起こる仕組み、そして私の症状が安定するきっかけとなったと思われる「仲間の力」についても研究することにした。

四、苦労のプロフィール――〈自己病名〉他人の評価依存型人間アレルギー症候群

私が三歳のときに父は職を失い、母が外に働きに出ることになった。父はそのことで自信を失い、私を幼稚園に行かせず近所つきあいもしない生活になった。父は気分の変動が激しい人でちょっとしたことでひどく怒り、私は二十四時間父と二人きりでいる生活になり、常に父の機嫌伺いをしながらびくびくし、いつも緊張していた。

私は小さいころ親の機嫌を伺い、親に叱られないこと、親に見捨てられないことに自分の努力を傾けた。そのためにおこなったのは「自分の感情を殺すこと」であった。私の父は本当に些細なきっかけで怒ることが多かった。父に怒られて泣いたり反論したりすると父は余計感情が高ぶり、叩かれ蹴られた。それで私は父に怒られても自分は悲しくもないし、つらくもないと自分に

思いこませ、自分の感情を殺すようにした。

その怒りに自分が感情的に反応すればさらに相手の怒りをあおって、殴られることもあった。だから私は父に怒られても「自分は怒っていないんだ」と必死で自分に言い聞かせて感情を抑えていた。

母親は「父のせいで仕事に出なければいけなくてつらい」と、父の居ないところでよく私に愚痴を言っていた。母は殆ど家にいなくて、帰ってきても疲れていてすぐに寝てしまう毎日だったので、母と話す時間は殆どなかった。

そんな私に、チック症状が出たのは五歳のときだった。チック症状は十二歳になるまでやりかたを変えながらもずっとくり返されていた。それは指をなめる、服の袖や首周りをなめる、咳をする、貧乏ゆすりをするなどの行為である。

母親に見つかるたびに「みっともないからやめなさい」と怒られたので自分でも必死にやめようと努力したのだけれど、ひとつのチックがおさまるとまた次のチックが出てきた。その頃からすでに自分を殺して周りに適応するのが苦しかったのだと思う。

小学六年生で強迫性障害が発症した。文字を書いても頭で「消さなければならない」と閃くと理不尽だと思っていても消さなければならない。字を書くことだけでなく歩くこと、食べること、物を片付けることなど生活のすべてに強迫症状が出て、行動するのにとても時間がかかり、終いには何から手をつけていいかわからず一時間くらいぼんやり行動がとまってしまうこともあった。

十八歳のときに実家から離れたのを機に初めて精神科へ行った。最初は強迫症状がひどいという理由で病院に行ったのであるが、その頃一人暮らしを始めたせいもあって、私はその頃から淋しくてたまらない状態になっていた。どこにも自分の居場所がないと感じ淋しくて不安で誰かと一緒にいないと落ち着かないという状態が始まった。

それで診察時間が終わっても担当医についてまわり、それができないと外来で暴れたり泣いたりした。それで担当医が手におえなくなって入院したこともあるが、退院すればまた同じ症状のくり返しで、病院から出入りを差し止められたこともある。

実家に戻ってきてからは、両親に暴力を振るい、言い掛かりをつけては喧嘩することが多くなった。その間何度か仕事をしたが「燃え尽き症候群」のように疲れ果ててしまうため長続きせず、アルバイトを転々としていた。「つきまといたい」という衝動が出るのが怖かったので病院には薬だけ貰うという形で通っていた。

さらに、私は学校に入って、家族以外の人と接するようになってからも自分を「いい人」に見せようとして努力してきた。そうすることで必死に人間関係に適応しようとしたのである。

その頃には〈本当の自分〉を見せたら嫌われると思い込むようになっていた。〈本当の自分〉とは怒りをかかえ、悲しい、淋しいと思っている自分だった。反面「いい人」でいることで周りからはよく評価されていた。それは〈本当の自分〉への評価ではないが、他に自己を肯定する要素がなにもない以上、周りからの評価によって肯定感を得るよりほかになかった。でも実は〈本当の自分〉はいつも取り残されていて淋しいままだったのだと思う。ずっと怒っていて、悲しんでいたのではないかと思う。

その頃あるきっかけで同好会のグループに入ることになった。最初はいいところだけ見せていたが、だんだん自分の悪いところが表面化するようになり、私はグループ内の異性関係でトラブルを起こし、グループ仲間と喧嘩するなどの迷惑行動を嵐のように起こした。

その結果、離れてしまった仲間や縁の切れた仲間もいたが、それでも私につきあい続けてくれた仲間もいた。親身になって相談に乗ってくれる人や、見守ってくれる人もいた。その仲間が自分の生きる足場を支えてくれる基盤のようになっていった。

そうして私は自分の症状を言葉で話すようになり、自分の問題が自分でわかるようになってきた。以前はとてもひどかった「淋しい」という気持ちが落ち着いて、症状がだんだん出なくなってきたのである。

いまは札幌のSAミーティング（精神障がいをかかえる当事者の会）に通い、べてるの人たちとも関わるようになった。仕事は何か月かで燃え尽きる傾向にあってなかなか長く続かないけれど、自分の症状とはある程度折り合いがつくようになってきた。

五、「苦労の雪だるま理論」と「石ころの原理」

メンバーとの研究を通じて、明らかになってきたのが「苦労の雪だるま理論」と「石ころの原理」である。

私たち人格障害系の当事者のかかえる苦労は雪だるま方式に増長していく。つまり、トラブル行動を起こす最初の原動力となったのは、シンプルな「淋しさ」とか「この世のどこにも居場所がないと感じるつらさ」なのだが、必死になって、現実に〈適応〉しようと努め、起きてくる出来事に〈対処〉をくり返すたびに事態は悪化し、それが病気となって現れる段階になると、症状は周囲に迷惑をかけるものであったり、騒ぎを起こすものであったりと肥大化する。

人格障害系の人は、一見、社会から逸脱し、適応しようとしない人と思われがちであるが、実は人の何十倍も周囲の環境に懸命に適応しようとして生きている。しかし、その方法は往々にして自分の感情を抹殺し、自分とかけ離れた人格を演じ、存在を消し、ひたすら受け身になり、人によく見られようと努力するといった自己否定による適応に陥りがちである。

しかし、この適応方法は、子どもの頃には有効であったが、自意識が芽生えてくると、反面、自分自身がとても苦しくなってくる。するとそれまで懸命に周囲に適応しようとして自己否定してきた自分に適応できなくなる。その自分に適応するための対処として行われるのが、トラブル行動、アルコールや薬物への依存、異性への依存、自傷、引きこもりなどの行動なのである。

そうした対処によって苦しさからは一時的に逃れることができる。しかしそれはあくまで一時的な逃避なので、周囲に適応できないという問題が解決されたわけではない。したがって〈適応〉と〈対処〉は雪だるま式にくり返され、多くは周囲を巻き込んでトラブルを発生させる場合が多い。

そうしたトラブルの中にいるうちは「自分の問題を見なくて済む」という効果がある。しかし、トラブルをくり返していくうちに人間関係は壊れていく。また、しだいにその場限りの適応に適応できなくなるため、人間関係を作ることも難しくなり、仲間や周囲の人間関係から離れていってしまうのである。

「石ころの原理」というのは、どんな石ころも、はじめはゴツゴツした岩のかけらだったということに基づいている。その原理を思いつくにいたった経験は、二十歳のときの初めての入院に起因する。

入院している患者さんたちは、男女それぞれ年齢もバラバラで病名もいままでの経歴もそれぞれ異なっていたが、苦労をかかえていることは共通していた。うつ病の人、失恋して事故を起こして強制入院した人、交通事故で半年近く意識を失って気がついたときには入院していたという人、統合失調症、自殺未遂、アルコール依存症などである。

その中に比較的元気な患者さんが八人ほど集まるグループがあった。私も最初はその仲間にふとしたきっかけで誘われて加わったが、私はなぜかその仲間にすんなり馴染んでしまった。そして、それぞれに苦労をかかえていたけれど、苦労をかかえていればいるだけ、みんな優しくて温かいように思えた。

あるとき、自殺未遂で入院している人が入院にいたるエピソードを話してくれたことがあった。

「すごく思いつめて橋から川に飛び込んだんだ。でも苦しくてつい泳いでしまったのさ。そしたら俺は泳ぎがうまいから岸まで泳ぎついちゃったんだよね。それで通りかかった人に通報されて入院してしまったんだ」と彼は話して、そこにいたメンバー全員が大笑いになった。

私はそのとき心の中で、彼が橋まで行って川に飛び込む様を思い浮かべて「さぞつらかったろうなあ」と思ったが、それでも話を聞いたらやっぱり笑ってしまった。でも、その笑いは冷たい

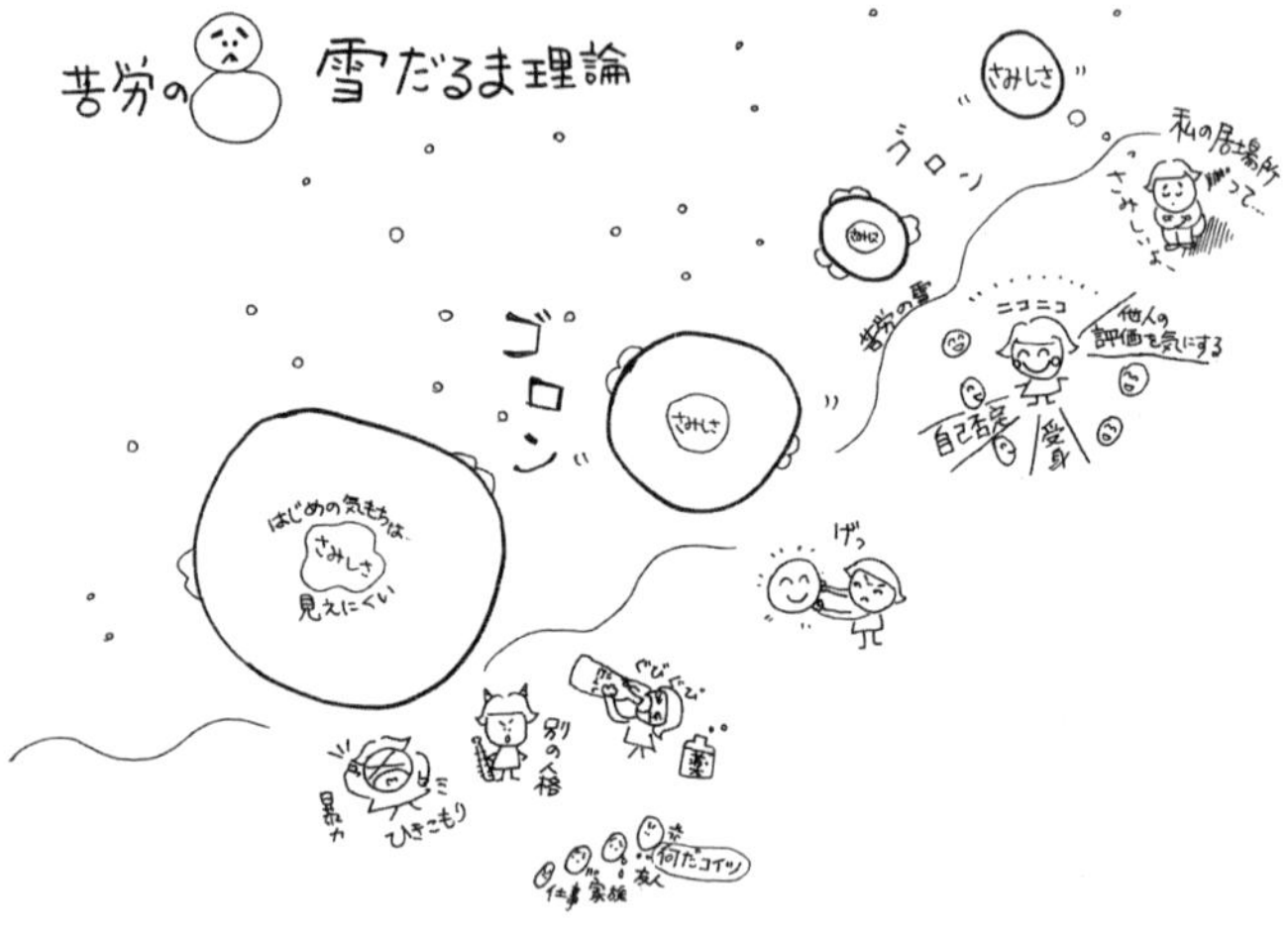
苦労の雪だるま理論
さみしさ
グロン
私の居場所って…
さみしいよ
苦労の雪
ニコニコ
他人の評価を気にする
自己否定
愛
ゴロン
さみしさ
はじめの気もちは
さみしさ
見えにくい
げっ
ぐびぐび
薬
別の人格
暴力
ひきこもり
仕事
家族
友人
何だコイツ

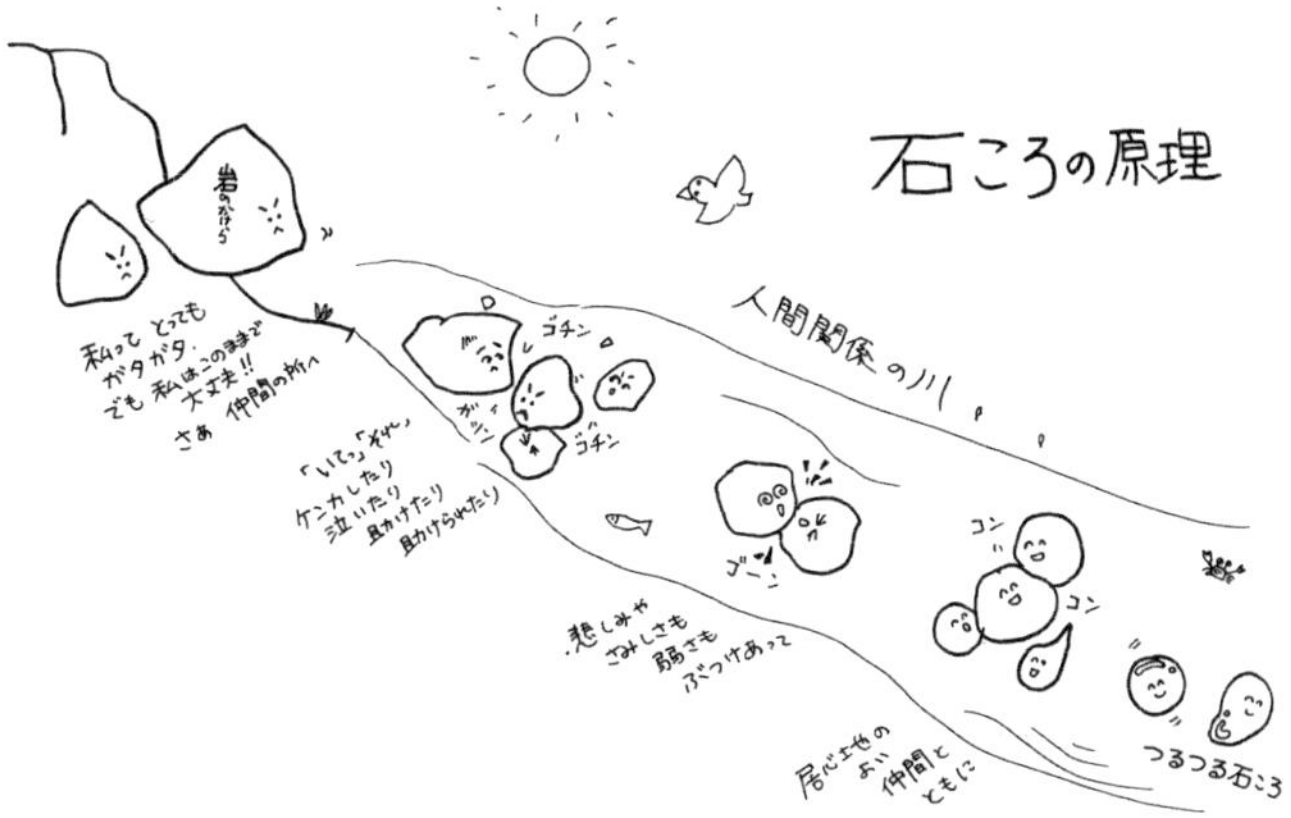
石ころの原理
岩のかけら
私って とっても
ガタガタ.
でも 私はこのままで
大丈夫!!
さあ 仲間の所へ
人間関係の川
ゴチン
ガツン
ゴチン
「いてっ」「それ」
ケンカしたり
泣いたり
助けたり
助けられたり
ゴーン
コン
コン
悲しみや
さみしさも
弱さも
ぶつけあって
居心地のよい
仲間と
ともに
つるつる石ころ

嘲笑でなく、温かい笑いだった。

彼が苦しかったことをみんなが一緒に感じながら笑っているようだった。心の中で悲しみを分け合いながら笑っている感じがし、その場にいて気持ちが温まる感じがしたのを覚えている。そして、私はそのときに初めて「ああ、自分はこの仲間の中にいたら病気が治るかもしれない」と思った。

そこから数年たって私はあるスポーツ・サークルに入った。入院していたときと同じようにそこには年齢も経歴も実にさまざまな人たちがいた。私はそのサークルの中で何度もトラブルを起こし、爆発した。それによって離れてしまった人もいるが、それでも私とつきあい続けてくれた人がいて、私はその人たちを仲間だと思えるようになった。そして「仲間ができた」と思ったとき、あれほど強かった「淋しさ」と「この世のどこにも居場所がないと感じるつらさ」がいつのまにか消えているのに気がついた。それは固く凍っていた雪だるまが、仲間という温かいおひさまによって溶かされたような感じだった。

私は年齢も経歴も異なるさまざまな人たちと生々しい人間関係を作ることによって、自分が回復してきたのだと思っている。そのなかで私は「自分がどんなに弱く歪んだ人間であってもこの人たちに蔑まれることはない。見捨てられることもない。自分はありのままでいいんだ」という自己肯定の感覚を少しずつつかめるようになった。

私は自己肯定の感覚をつかんだときに初めて「自分の荷物は自分のものだ」と気がついた。自分が自分の面倒をみて、自分が自分を助けはじめたときに、私は初めて、自己否定からくる問題行動によって人間関係を壊すというサイクルから少しずつ抜けだせはじめたように思うのである。

川の上流にある岩のかけらは、最初のうちはゴツゴツとしていくつも角がある。でも下流に下る中で、他のかけらたちとぶつかり、もまれあうなかでしだいに角がとれていく。川の中では互いが互いに何度もこすれあうのでどの石がどの石を丸くしたのかもわからない。彼らは互いにこすれあうことでなめらかな石へと変わっていく。そしてはるか下流まで流れ、海へ辿り着こうとする頃には、石たちはそれぞれがさまざまな形をした触り心地の良い小石になっているのである。

いまの時代は、その「小擦れ合い」の体験が少なくなり、人格障害系とは、その経験の希薄さによって、大人になっても「岩のかけら」のままに生きることを余儀なくされた人たちかもしれない。

六、おわりに

この研究を発表する前に、まとめてデイケアでプレ発表をする機会があった。当事者研究を、みんなの前で説明していて、最初の入院のエピソードにさしかかったときに、泣きそうになってしまった。いままでの、経験が走馬燈のようによみがえり、入院してた時期に仲のよかった人や自殺未遂の話をした人のことも全部まざまざとよみがえってきたからだ。

私は自分の回復について書きたかったが、それ以上に、そういう仲間たちがいて、苦しみを分けあえるような関わりかたがあったことを、いつかどこかで書きたかったと思った。実は、入院していた当時から、それをみんなに知って欲しいと思っていた。

私は入院したときの仲間を、とても大事に思っていて、何か形にして伝え残したかった。そういう温かい関わりをくれた人たちに、何かして返すことができたらとずっと思ってきた。

だから、入院してたときの仲間に「これで何かお返しできたかもしれないなあ」って思っている。だから、このような機会が与えられ、多くの人たちに今回知ってもらえることは、本当によかったと思うし、協力してくれたべてるのメンバーに感謝したい。

最後に、この研究をして、メンバーの多くがいわゆる「人格障害」という病名に対して違和感と自分の体験との落差を感じていることがわかった。

この研究が、人格障害系といわれる生きづらさをかかえた当事者の「人間宣言」として受け継がれ、あらたな当事者研究が始まることを期待したい。

「〝人格障害〟の研究　その二　見捨てられ不安の研究——〝嫌われショウコの〟一生」

しあわせ研究所人格障害系研究チーム
発表者　加藤木祥子
協力　西坂自然　山本賀代　秋山里子　吉田めぐみ　向谷地生良　文珠四郎・弥生　岩田恵

一、はじめに

いま、〝人格障害〟は、さまざまな面で注目を浴びることが多い。事件がらみであったり、精神医療の現場でも、トラブルが絶えずに扱いに困る患者は〝人格障害系〟というレッテルを貼られ、一種のダストボックスのような見られかたをすることも多いと聞く。

そこで、〝人格障害系〟と言われている女性メンバーが集まって〝人格障害系の人間宣言〟というような感じで、まずは自分たちの体験をまとめて報告する試みをはじめた。その一つの成果として「苦労の雪だるまの理論」と「石ころの原理」を明らかにした。

「苦労の雪だるま理論」とは、トラブル行動を起こす最初の原動力となったのは、シンプルな

「淋しさ」とか「この世のどこにも居場所がないと感じるつらさ」なのだが、現実に〈適応〉しようと努め、起きてくる出来事に〈対処〉をくり返すたびに事態は悪化し、判りにくい形でトラブルが肥大化するプロセスを説明したものである。

「石ころの原理」とは、川の上流にある岩のかけらは、最初のうちはゴツゴツとしていくつも角があっても、下流に下る中で、他のかけらたちとぶつかり、もまれあう中でしだいに角がとれていき、互いにこすれあうことでなめらかな石へと変わっていく様に、人格障害系とは、偏った経験や経験の希薄さによって、大人になっても「岩のかけら」のままに生きることを余儀なくされた人たちというのが、その結論だった。

議論の中で〝人格障害系〟といっても、共通する部分と個人による微妙な差があることがわかった。その差の部分で言えば、今回の報告は、最近ヒットしている映画にたとえて言うならば〝嫌われ松子系〟のジャンルであり、〝人格障害系〟の本流と言えるかもしれない。

二、研究の目的

研究の目的は、「見捨てられ不安」から生じると思われる自己破壊的なコミュニケーションとそこからの回復の糸口を探すことである。そして、この研究を通じて、〝嫌われショウコの一生〟

を一度、整理して、仲間と共に研究活動を通じて、人とのつながりを取り戻すことである。

三、研究の方法

研究は、まず、思い出すままに、自分の体験をノートに書き出し、デイケアのスタッフや仲間に目をとおしてもらった。また、他の仲間がしているように、一つのくり返して起きるトラブルなどのエピソードを図を書いてみんなで検討するなどした。

四、苦労のプロフィール――自己病名＝魔性の女系人格障害見捨てられ不安タイプ

〝嫌われショウコ〟は、一九七七年生まれで二十八歳になる。ちょうど一年前に縁あって浦河に漂着し当事者研究を開始した。現在は、〝人格障害系〟の苦労をかかえる女性メンバーが多く住む女性の共同住居「きれい荘」に暮らし、いまにいたっている。

〝嫌われショウコ〟は、祖父母と父母、私と二歳年下の弟と六人家族の中で育った。私にとっては、安心のない〝地獄の暮らし〟であったが、そんな中でも、元来おっとりして大人しくわがままも言わない手のかからない、いいお姉さんだったように記憶している。

学校でも引っ込み思案だが優等生だったため、周りから私立の中学を薦められたがそのまま公

立中学に入ったが、中学二年生の夏休みに大量に出された宿題に一つも手が付けられず、字を読むことができなくなり——この事を後に精神科医に話したら「活字恐怖症」だと言われた——高校受験を控える身でありながら一切勉強ができないというジレンマに苦しむようになった。

その結果、字も読めず授業も苦しく、学校に行くことが苦痛になり不登校になった。期末試験だけでも行こうと思ったりもしたがどうしても字が読めなく断念した。それでも、三年生になりやけくそで学校に行き授業中は寝て過ごし、テストは白紙で出した。この時期はかなり苦しかったが、親や教師や友達に何も説明する術もなかった。

そこで起きたさらなる異変は、十二歳までの記憶を突然に失ったことである。そして、次にとった新たな行動は、夏休みの夏期講習の最終日に学校の荷物をすべてまとめ「もう二度と学校に来ないから」と宣言して学校を後にすることだった。

以後、本格的に〝嫌われショウコ〟のダッチロールはエスカレートの一途をたどる。引きこもり自殺の計画を一人で練り、二度めの自殺未遂の後、初めて精神科を受診する。十五歳の夏だった。初受診で精神科入院を希望するも主治医の反対によりコネで産婦人科クリニックの一室に入院させられたが、二か月で退院せざるをえず母方の祖母の家に居候するが、そこからも出て行かざるをえなくなり、自分にとっては地獄のような実家に戻ることになるが、絶望的な気分の中で、毎日のように不安発作に襲われ一日の大半を胸の苦痛に襲われながら過ごした。精神科クリニックへの通院も続いた。そのうち家の外での問題行動が目立つようになってきた。この辺から〝嫌われショウコ〟の本領が発揮される。不特定多数の男性との交際や人間関係のトラブル、自傷行為や自殺未遂、摂食障害と引きこもり、失声、買い物依存と恋愛依存、大量服薬、家出、活字恐怖、潔癖性というように、よくも集めたと思うような人格障害系のエピソードのオンパレードであった。そんな中で、主役の私も家族も、共にボロボロに疲れていった。

そんな〝嫌われショウコ〟の暴走をとめるために二十三歳のときに精神科への保護室入院も経験、まずは、家族と距離を置くために、それを期に一人暮らしを始めたが、問題行動はエスカレートしトラブルと入退院と引きこもりを二十六歳までくり返した。

最後の一年間の引きこもりのときには十二歳以前の記憶がほろほろと戻り出したのと同時に、性的アイデンティティーが破綻して、自分の体が女であることに、強烈な違和感をも抱くようになった。そんなとき、これから自分はどうやって生きるか考えたとき、「浦河に行こう」と決意し二〇〇五年六月、単身海を渡った。

五、「オタマジャクシ」と「オオサンショウウオ」

当事者研究の研究の話し合いの中で、ワーカーの向谷地さんから、最近、新聞に載っていたというオタマジャクシと天敵のオオサンショウウオの飼育実験の話があった。記事の内容は、オタマジャクシと天敵のオオサンショウウオを、並べて飼育すると、オタマジャクシは、オオサンショウウオに食べられまいと体が二倍に育ち、オオサンショウウオはオタマジャクシを食べられるように顎の大きさが二倍になり、両者を離すと元に戻るという内容だった。

つまり、生物には、常に置かれた環境に適応しようとする自然のメカニズムが働いているのだ。メンバーもその話は、自分たちの経験に似ているという声が多かった。というのは、「人格障害系」の女性メンバーエピソードは常に、家族や身近にいる人との関係をどう見るか、そこにどのように切り込むかにまつわる出来事として起きているからである。

共通にあるエピソードの土台は「感情の抹殺」である。「自分の感情をいちいちキャッチしていたら生きていけなかった」というメンバーの山本賀代さんの言葉が、一番それを象徴している。あくまでも〝生き抜く〟ための方法として「自分の感情をキャッチしない」暮らしかたとして、現実への〝適応手段〟として、ありとあらゆることを犠牲にしてさまざまなエピソードを繰りだしてきたのが、〝人格障害系〟の特徴だからである。

そのためには、周囲を観察する鋭い感覚が必要になってくる。その結果、人の顔色を伺って機嫌をとり、人の気持ちを操作するコントロールのコミュニケーションも発達する。実は〝嫌われショウコ〟も幼少のときからそういうコミュニケーションをしていてそれがあたりまえだと思っていた。

六、〝過剰適応〟の技

現実に適用しようとするあまり、オタマジャクシの身体が二倍に肥大化し、オオサンショウウオのように、顎がふつうの倍になるように、〝人格障害系〟の苦労をかかえる当事者は、その現実を生き抜く手段としてさまざまな技を身につけるようになる。

その技にメンバーで話し合い、整理をした。このコミュニケーションは私たちが生きていくため、日常生活を送るために必要不可欠なものである。

一つめの技は、〝過剰適応〟の結果として、人の顔色を伺うことが上手いので、就職に際しては、表面上、好印象をもたれ面接は通りやすい傾向があるということである。しかし、共通していることが一〇〇%長続きしないことである。

次に、見捨てられ不安が強いと、母性本能に飢えるタイプの男の心のツボを刺激し、恋愛に事欠かなくなることである。男は、ついつい「愛されている」と思いこむ。これができると、めでたくも「魔性の女」という称号がいただける。

三番めとして、人間関係が使い捨て状態になることである。感情に食い込む煩わしい人間関係を、希薄に保つには、欠くことのできない技である。

四番めは、常に「助けて！」というポーズを取ることである。これは、とても重要な技である。常に人とつながり続け、さまざまなトラブルや問題の中にもまれ続けることが、生き抜くための〝感情抹殺〟の重要な手段でもある。問題が起きないという静けさは、本当に身体に悪い。

このことを通じて、一時的に注目を浴びることができる。〝私がどうしようもなく苦しいんだぁということを誰かにわかって欲しい〟ということで、一時的にでも注目を浴びることで思いを解消することができる。しかし、そんなとき、ついつい本気で助けに来る人がいるので困る。

しかし、これらには副作用もある。この効果は一時的であり、紛らわしたり誤魔化したりするそのたびに本来の虚しさが倍になって襲ってくる。だからその虚しさにびっくりしてまたさらにそういう行動をとり、また虚しさに襲われる、という悪循環で行動がどんどんエスカレートするのである。しかも、あちこちに敵ができて、居場所を次々と無くしていくようになる。

七、見捨てられ不安のコミュニケーションから新たなコミュニケーションへ

〝嫌われショウコ〟は、浦河に来るまでは見捨てられ不安のコミュニケーションしか知らなかった。自分がどうしようもなく異常で病気なのはわかっていた。なんとかしたいと本当に思っていたが、この方法しか知らず、できなかった。だけども浦河にはいろんなことを教えてくれる場や仲間や専門家のかたがたがいて、日常そのものが「学びの場」となっている。そこで、これまでの学びのプロセスを整理してみた。

〈学びの方法〉

①入念に〝気持ちチェック〟をし、人前で語る

気持ちは他人にあるものだと思っていたから人の気持ちを操作していたが、自分にも気持ちがあると知って毎日〝気持ちチェック〟をおこなった。そして、ミーティングの場で語る練習をした。

②受け入れられる体験

具合が悪くても引きこもらないでどんどん人の中に行って自分の弱い部分を見せたり、失敗

したり、ＳＳＴで〝お客さん〟とのつきあいを泣きながらやったりしてどんな自分でも絶対排除されないんだ、弱くて恥ずかしくて間違っていても責められないんだっていう体験を何度も何度も経験することで安心をしていく。他人に対しても自分に対しても安心をしていく。

③同性とのコミュニケーションを獲得

浦河の女性だけの共同住居（レインボーハウスやきれい荘）で女の子だけで過ごすことを体験し、こんな世界があるんだっていうことを生まれて初めて知った。女性だからこそ語れること、ここで受け入れられた体験が大きかった。女として人間としての自分に自信がもてたことで、男に必要とされなくても私は生きていける、生きていていいんだと思えて恋愛依存、男をコントロールすることを手放す勇気をもてた。

〈新たなコミュニケーション〉

①気持ちに正直に相談

どんなことでも隠さず嘘つかず正直に相談して解決する、このスキルは大きかった。

②ＭＴの活用

自分を大事にするためのプログラムを継続する。

③女友達との交流を意識して心がける
④他人の世話より自分の世話
他人の世話より、自分の気持ちや生活の世話を優先して自分中心に日々を送る。いままで自分を傷つけてきた分、これからはいつも自分を助けてあげたい。自分を見捨ててきた分、これからはいつでも自分の味方でいてあげる。常に自分を一番大事にしてあげることを心がけている。

八、考察

いままで私は、自分の問題や苦しみや辛さや悲しみを扱いきれなくて、どうしようもなくて問題行動を起こさざるをえなくなっていたが、浦河で自分の問題や辛さや悲しみと上手くつきあっていくためのスキルを身に付けることができて自分で自分の荷物をかかえられるようになった。

地元ではただそれができなかっただけだった。こんな汚い自分は絶対人に知られてはいけない、なんとかしてサトラレないように隠しとおしてきた。しかし浦河ではどんなひどいことを言っても、醜いことを曝け出しても受け入れてもらえるので、正直に語ることで楽になっていく素晴らしさを知って、自分に正直なコミュニケーションを身につけられた。

それによって初めて安定した暮らしを手に入れた。明日、何が起こるかわからない、明日、自分がどうなってしまうかわからない刹那的な生きかたではなく、一週間後、一か月後の予定が立つ暮らしが始めてできるようになった。そのことが自分の回復や自立につながり症状もどんどん落ち着いてきている。

現在は自立をめざして自宅近くの介護用品のお店「ぱぽ」での就労にチャレンジしている。また、同性の仲間（自分のコントロール障害の山本賀代率いる「むじゅん社」メンバー）とともに同じ苦労をかかえる仲間を助ける活動、べてるの活動を世に伝える活動を始めている。これからの自分の成長、回復、仲間との関係作りに期待したい。

浦河の神さま、ありがとう。

「人間アレルギー症候群の研究――第一弾　居場所を求めて九千キロ」

人間アレルギーの研究班　代表　秋山里子
研究メンバー　山本賀代　泉奈津子　岩田恵　吉野雅子
協力　向谷地生良　鈴木富美子　大濱伸昭

一、はじめに

秋山里子の自己病名は「人間アレルギー症候群」である。「人間アレルギー症候群」とは、自分も含めた「人間」に対して起きるアレルギー反応である。抗原―アレルゲンと化した人間に接するとさまざまな症状が出現し、生きていくことが困難になる。その結果、この八年間で仕事を十二回、転居を十四回おこない、常に「人間アレルギー症候群」をかかえた自分の居場所を探し求め続けてきた。

この人間アレルギー症候群は、別表にもあるような多彩な症状をもたらす。その症状のベースには、巨大な自己否定の感情が地下水脈のように張りめぐらされている。だから、生きるテンションが低い自分がみんなの中にいると、周りの人間のテンションも低くしてしまうように感じて申し訳ない気持ちになり、それだけで出勤できなくなる。

人をまるで「異物」と感じ、退こうとする身体の反応を明らかに意識するようになったのは、十九歳のときであったが、いま思うと高校一年生のときにすでにその兆候があり、皆が楽しみと思うことが楽しむことができない自分が居た。そのとき以来、脳裏には常に「死」という言葉が浮かび、周りに合わせることで必死になっていた。

私は、朝日新聞の連載で浦河を知り、昨年十月に来町し母と二人で暮らすようになった。浦河に来ても相変わらず引きこもる自分に母は私の「自殺行為」を恐れ、外出するときにはいつも包丁をバックにしまい家に置かないようにしていた。

しだいに、自分は、べてるのメンバーとふれ合い、日赤病院のディケアに通い始めるようになる。その中で同じような苦労をかかえている仲間と出会う中で「人間アレルギー」というテーマが見えてきた。

二、研究の目的

いまの時代「人間アレルギー」で悩んで生活している人は多数いる。引きこもりや、不登校、過食症、リストカットなど一見、別々なテーマのように見えながら、そのベースには、自分や人間という存在に対するぬぐいようのない否定的な感情があった。

この研究をとおして、あらためて自分と人を知り、現代病ともいえる「人間アレルギー症候群」という自己否定のメカニズムを解明し、より良い人間関係を築くことの手がかりとしたい。

三、研究の方法

「人間アレルギー症候群」に苦労するメンバーを募り、ミーティングをおこなった。そこで、症状の起きやすい場面や症状、そのメカニズムについての解明、そして対処方法についてのそれぞれの体験を出しあい整理した。

四、プロフィール

いま思えば、保育園のときから集団生活になじめなかったような気がする。しかし、そのことが、それほど自分にとって大きなテーマとなることは無かった。中学時代も、これといった悩みも思い浮かばないほどの運動の好きの平凡な学生生活を過ごした。

波乱が起きたのは、高校に入ってまもなくの頃であった。長い間親しんだ子ども時代からの友達のつながりが突然途切れて、まったく新しい人間関係のなかに放り出された瞬間、頭の中に霧がかかったようなモヤモヤとした不快感がはじまった。それが、最初の兆候であった。内科の病院に受診しても異常なしと言われたが、原因不明のその状態は卒業するまでの三年間続いた。

楽しいことを、楽しいと感じることができなくて、何とかそれに適応しようとガンバっても、いつも虚しい気持ちに支配されていた。「どうして、自分は、周りの楽しい気分についていけないのか」という自罰的な気分に襲われて、しまいには自分という存在自体が疎ましく思えてしかたがなかった。

神奈川の短大に無事合格したものの、そこで出会った学生という不特定多数の「群れ」を意識した途端、その場から逃れることばかりを考えるようになった。自分のテンションを上げるために、朝から焼酎を飲んで学校にも出かけることを試みたが、一時的に感覚を麻痺させるだけで、辛さは変らなかった。そこで、短大は半年で辞めてしまった。

バイトにも挑戦した。しかし、職場の同僚と昼食を取ることもできずに、公園で一人食べる自分がいた。海外にあこがれて違った環境に自分を置こうと考えて、ニュージーランドにも行った。しかし、一つの場所に居ることができずに、バイトも住む場所も転々として、同じことのくり返しであった。

そこで、起きたことは「過食」であった。一人でいる時間を紛らわすように、食べることに執着していた。十五キロも太り、帰国のときには、迎えに来た家族が別人と見間違えるほどだった。その後は、居場所探しともいうべき転職と転居をくり返しながら、「人間アレルギー症候群」は、ますます悪化の一途を辿った。常に人の目が気になり、どう話したらいいか解からず、自分の気持ちを表現できず、仮面をつけ生活せざるをえない苦しさが、日増しに募っていった。

自己肯定感もなく、自分を受け入れられない自分に対し自己虐待は数知れず、死ぬことばかり考えるようになりまるで死神に支配されたように、物置の電動のこぎりで腕を切り、体に火を付け、水銀体温計を壊して水銀や電球のフィラメントを飲んだ。一人で考えることは「死」ばかりであった。

精神科病院にも強制入院になった。全身を拘束されて、多量の薬を飲まされて、話すことも考えることもできずに、歩くと涎が出て、いつもハンカチを持っていた。それでも「死ぬ」という念慮は消えなかった。生きていることが不思議なくらいの絶対絶命のボロボロの状態で、私は浦河にやってきた。

五、「人間アレルギー症候群」の特徴と対処

「人間アレルギー症候群」研究班のメンバーで、それぞれの「症状」を出しあった。その内容を、「症状がおきやすい場面」「起きる症状」「行動面の変化」に分けて整理した。そこで、明らかになったのは、人と接する場面の何処でも症状が起きていることである。電話・買物・学校・職場・家庭すべてが、その症状の発生場所となる。家の中でも、存在を消すために抜き足、差し足で歩くほどである。

そして、緊張感や冷や汗、動悸、息苦しさ、臭いに対する過敏性、ノドの乾き、胃の圧迫感、脳の収縮感、頭痛に苛まれるようになる。

自分を守るための手法として、「臭いの〝お客さん〟」が来たときには、自分にコロンをふりかけガードしていた。コロンの臭いが自分のベールとなり、実際には、外からの臭いの刺激が少なくなる。「臭いの〝お客さん〟」には柑橘系の臭いは「しっかりしろ」、ソース系のパンの臭いは「もうここにいるな」というものである。

また、「音の〝お客さん〟」がきたときには、音楽を聴いて他の音からガードし自分の世界に入った。音の〝お客さん〟とは、車の走っている音で「歩いてんじゃないよ」と一台一台から言

われている気になる。そのような症状を、キャッチするとそれを解消しようという独特の行動パターンにはまる。落ち着きがなくなり、視線が落ち着きを失い、集中力がなくなる。そして、その場から離れるとホッとする。結果的に、一人の時間が多くなる。

アレルギー反応が起きないのは、人間がいない所、動物と一緒のとき、安心できる人と一緒にいるとき焼きたてのパンのにおいがあるとき、人から話しかけられるとき（自分が居ていいという気持ちになる）である。それは、誰かに覚えられていて、必要とされる感覚が何よりも大切だからである。

もう一つ、メンバーの暮らしぶりで特徴的なのが、トイレには消臭プレイ、芳香剤、除菌クリーナー、香り付きのトイレットペーパーを常備して、身も心も常に「除菌」にこだわる傾向である。こころの汚れは許せない、こころは汚れてはいけないというメッセージが常に暗黙の了解となって生活を束縛しているのである。必要以上に、汚いもの、汚れているものを嫌悪する。だから、自分の心の状態のチェックを怠らない。美しい宗教音楽を聴いて、神聖な気分を保つメンバーもいる。そうやって、日々のこころの雑菌を「消毒」する。

時には、酒を飲んでこころの雑菌に無神経になるようにもする。湯船につかり、恨み辛みを吐くもいい。特にアレルギーの強い人からもらったものを捨てるのには効きめがある。さらには、食器の傾きや部屋のほこり、髪の毛一本一本を拾って歩く。物の置き場所を気にしてかえる。大根を用意して、ひたすら千切りをするなどしながら、ストレスの解消と除菌行動に打ち込むのである。

周りから提案される「いいかげん」な生きかたも、しっかりといい加減でなければ気がすまない「一直線」とか「混じりけの無い」感覚にいつもとらわれる。そして、「強く・明るく・元気な子」「強い心と身体」というそうあらねばならないという強迫的な努力、社会の中にある画一的な基準に自分を合わせようとする涙ぐましい努力もメンバーの特徴である。

六、考察

以上の「人間アレルギー症候群」の研究を通じて明らかになったことは、次のことである。

①「自分らしく生きる」というあたりまえのことの難しさ。
②人間に対するアレルギー反応が起こっても、それぞれ人を求める感覚を持っていること。
③自分を否定もせず、肯定もせずに受け入れることの難しさ。
④集団生活の中では、「集団の中の自分」という仮面をつけなければ輪の中に入れなかったこと。
⑤人とのつながりを感じるには、「言葉」が必要であること。

⑥一般社会の中では、弱さや苦労を見せてはいけないものとなっていて、自分たちもそのようにふるまってきたこと。
⑦自分自身の内面と向き合うことは、辛いけれども大切である。
⑧皆は、学校や社会の枠組みの中で、自分を殺してきたこと。
⑨居場所を求めて転々とした経験から言うと、やっぱり〝居場所〟が大切。

七、まとめ

まじりっけ無しの純粋な生きかたなんてありえないのに、脳のどこかで、そうゆう感覚を求めてしまう。そして、いつしか自分の心の底辺には否定的な感覚が植えつけられてしまい、自分で自分を肯定することが難しいから、常に人からの肯定を求めようと必死になっていた。

いま、ようやく安心を得て「自分の存在もありなのかな」という感じを確かめている。「生」と「死」は両極端のようでありながら、同じ方向をさしている。「死ぬために生きる」この矛盾した感覚がどうも落ち着かない。人として生まれたからには、やっぱり人と人とのつながりを感じていきたい。

目を閉じたときに、暗闇の中にポツンと存在する自分を見ると「何て儚《はかな》いんだろう」と思う。物や情報の中に存在していると、なんだか力を得たような気分になる。でも、そういうものは幻の感覚なのかもしれない。短大を中退して以来九年間ずっと同じ苦労のサイクルをくり返してしまった。

自分の居場所探しの旅は、海外も含めて九千キロにも及び、やっと、いま、浦河に辿りついた。ここでは、自分の気持ちをあたりまえに公開できて、自分の気持ちを語れる場がある。そして、それを聞いてくれる仲間がいる。

気持ちを言葉にする……そんなあたりまえのことがどんなに大切なことであったのか、ここに来て改めて気づかされた。人と人が心でふれあえるあの感覚。浦河に来てそういう人から感じるやさしさにふれ、幸せを感じている。

みんな、弱さをもっているからこそ心と心のコミュニケーションが成立するのかもしれない。人は人の中で存在し、死を迎える。だからこそ、人として生まれた意味を追求したい欲求が消えることはない。

「人間アレルギー症候群」の研究も、いま、はじまったばかりである。自分という身体の中に、なぜか人を排除しようという仕組みが組み込まれ、自分を追い詰めていくという現象を考えていくことは、蔓延する苛めや虐待の問題ともどこかつながっているような気がする。これからも、引き続き、このテーマを追っていきたい。

「人間アレルギー症候群の研究──第二弾　回復へのプロセス」

人間アレルギーの研究班　代表　秋山里子
研究メンバー　木村名奈　吉田めぐみ　吉野雅子　山本賀代　泉奈津子　岩田恵
協力　向谷地生良　鈴木富美子　大濱伸昭

一、はじめに

まず「人間アレルギー症候群」とは、自分も含めた「人間」に対して起きるアレルギー反応である。抗原──アレルゲンと化した人間に接するとさまざまな症状が出現し、生きていくことが困難になってしまう状態をそのように表現することにした。

そして、第一弾「人間アレルギー症候群の研究──居場所を求めて九千キロ」では、「自分という身体の中に、なぜか人を排除しようという仕組みが組み込まれ、自分を追い詰めていくという現象」をひき起こす背景を、研究メンバーの語りの中から整理した。

今回は、その続編として、「人間アレルギー症候群からの回復」をテーマに、仲間と研究をした。

二、研究の目的

引きこもりや、不登校、過食症、リストカット、幻覚・妄想など一見、別々なテーマのように見えながらベースに「人間アレルギー症候群」をかかえて苦労している人たちが増えている。それらの苦労の根底には「自分や人間という存在に対する拭いようのない否定的な感情」を明らかにした。

このたびは、秋山里子ほか、研究メンバーの体験した「自己否定のメカニズム」を参考にしながら「回復とは何か」「回復に向けて必要な要素」を明らかにしたい。

三、研究の方法

「人間アレルギー症候群」に苦労するメンバーを募り、ミーティングをおこなった。そこで「回復」をテーマに検討を重ねた。そこで、自分の実感する回復のイメージと何が自己否定に陥りがちな自分を励まし、生かしているのかについて語ることを通じて、回復の要素の抽出を試みた。

四、「秋山里子」の苦労のプロフィール

不器用にしか生きられない人たちがいる。常に場の空気に高いアンテナを張りめぐらしながら必死で自分の居場所を確保しようと頑張っている。十人いたら十人、一人ひとりに自分を合わせ、さまざまな仮面を使い分ける。

そんな身体の色を変えていくようなカメレオン的行為をくり返しているうちに自分自身が見えなくなっていく。相手のことを理解することが自分の役割であるかのように何とか相手の波長を察知しようと努力する。

心の根底には「人から必要とされたい」「認められたい」「愛されたい」といった目に見えない強い願望が静かに潜んでいる。それと同時に「結局自分は一人だ」という諦めにも似た無力感も混在し、現実に拭いようのない虚しさを感じている。

人とつながりたい気持ちと両極端にもち続けているこの気持ちのアンバランスさに比例して心の不安定度も増していくのだ。自分の内面をコントロールするリモコン操作が結構難しくてイライラさせられる。

浦河に来る前、半年間病院で薬漬けにされていた。入院のきっかけは、自己肯定感もなく、自

分を受け入れられない自分に対し、死ぬことばかり考えるようになりまるで死神に支配されたように、物置の電動のこぎりで腕を切り、体に火を付け、水銀体温計を壊して水銀や電球のフィラメントを飲むという自己虐待行為であった。一人で考えることは「死」ばかりであった。

あの日のことを思うと吐き気がする。思考力は停止し、感情の表現はほとんどなくなり、呂律《ろれつ》が回らなくなるほど行動の自由を失い、目は虚ろでまるで腐った魚のようだった。歩行中に何かを口にしようとすると大量の涎がながれ、ハンカチで必死で押さえた。

ある日突然、両手の指先に力が入らなくなり、髪を洗うことも歯を磨くこともできない状態になった。主治医にそのことを話すと一言「注射すれば治る」と言った。注射だけは嫌だというと薬を調整しながら少しずつ治していこうと言った。

いま考えるとあの状態は何だったのかと恐くなる。十八錠の薬の効果はまったくなく、死にたい願望が常に自分を襲い、病院の屋上から何回も飛び降りようとした。身体だけがかろうじて生きていて、心は完全に死んでいた。自分の感覚がまったくないままに生きている状態は現実の世界と自分の身体が分離しているみたいで宙に浮いた感じだった。そして退院し抜け殻のような状態で浦河にやって来た。

五、「秋山里子」の回復へのプロセス

浦河に来ても一か月は悪夢のような日々だった。死にたい念慮が頭から離れず、死ぬことを生きる支えとしていた。一日を布団の中で過ごす何とも言えない虚しさが体中に充満していた。そして「具合が悪い」と言っては日赤病院の精神科を受診していた。

一週間に二度めの受診をしたときである。主治医から「医者にかかりすぎだよ。みんなから〝栄養〟をもらうことが必要」と言われた。すると、いつのまにか自然と人が恋しくなってきた。そして、憂鬱な気持ちを押し殺せないまま浦河日赤病院のディケアに行くようになった。

しかし、何の言葉も出てこなくて話せない自分になってしまったと思った。ディケアの楽しい雰囲気の中にいると急に悲しい気持ちで一杯になり涙がこぼれた。自分は何かを楽しんではいけない存在のような気がしていたからなのかもしれない。人を見るのも嫌なくせに一人でいる孤独には勝てず、ただボーっとその場に居続けることだけが自分にできる唯一のことだった。

ディケアの朝のミーティングでは「今日の体調、気分、良かったこと」を一人ずつ話す。私は何度か社会人を経験したけれど朝礼とかでこういったミーティングに出合ったことはない。このミーティングのくり返しによって、私はかなり言葉を人前で発する練習を積めたと思う。そして

自分自身の内面と向き合うチャンスをもらった気がする。

体調や気分は目に見えないものだから日頃見過ごしがちになるけれど、毎朝このミーティングのたびに自分チェックをすることで大きく心のバランスを崩すことも減ったし、精神状態が袋小路に入っていきそうになる危険信号にも気づくことができた。何より「気持ちを言葉にする」というごくあたりまえの行為が自分の支えになることを発見したことは大きい。

ディケアのプログラムは午前中が作業療法的なもので午後がミーティング、SST、薬や病気に関する学習会という自分を見つめるきっかけを与えてくれた場である。

初めはみんなの中にいると否定的な〝お客さん〟――周りの人から自分が責められているような気にさせる思考――に苦しめられた。自分がその場に居てはいけないような気分にさせてくる〝お客さん〟は、周りにいる一人ひとりが私の身体に矢を突き刺してくるような辛さをもたらす。人が多ければ多いほど矢の数は増えるので苦しかった。

でもそういうこともミーティングの場で話し、みんなに聞いてもらうことで心の〝お客さん〟は減っていくことも気づいた。それは周りに対する敵対心と自分をガードするバリアの減少にも似ている感覚だった。

自分の気持ちを相手と共有することによって、相手を異物として捉えている感じから少しずつ解放されていく。そうすることで自分も安心でき、相手に対しても安心感が芽生える感じだった。そういった何気ない気づきの積み重ねによって自分のさまざまな葛藤を知り、相手のことも少しずつ見えてくるようになった。

六、回復のポイント

その一「自分を助ける」

浦河に来て初めて耳にした言葉の中に「自分を助ける」というのがある。私の中にはいままで「自分を助ける」という言葉は無かったし、むしろ自分を責める言葉ばかりを無意識に用いていた。自分を知ることによっていままでの苦労のサイクルが見えてくる。それに対して自己対処、自分の助けかたのスキルをいかに身につけていくか、これがディケアの中で学んでいったことだ。自己対処は人それぞれ違うがスキルを持てば自分の中に一つ武器を持ったようなものだ。自分とはまったく違った病気をもっている人の中にも自己対処の共通点は多々あることに気づいた。それは人がそれぞれかかえている苦労は違うようで似ているといったことにつながっているのかもしれない。

自分ひとりで苦労をかかえこんでいるとなんだか自分だけが悲劇のヒロインになったかのよう

な気持ちになるけど、それを人前で言葉にすることによって自分の苦労が生きてくる。命を吹き込まれたように活き活きしてくる。

浦河に来る前は苦労が笑いに変わるなんて想像もしていなかった。これまでは、一人クヨクヨ悩みせいぜいノートに自分の思いを書きなぐって反省し、また落ち込むみたいなくり返しだった。自分の中の〝こころのシャッター〟の開けかたを知らなくて、どんどん自分が苦しくなっていた。相手を傷つけるんじゃないかと不安で、言葉をどう使っていいのかわからなかった。

それは、一人で堂々めぐりをするだけで、脳に悪影響を及ぼすだけだと思う。人は同じことを何度もくり返し考えていると暗示にかけられたような状態になることも知った。現に私はずっと死にたいとくり返し思っているうちに本当に自殺未遂という行動に身体が翻弄された。あの頃の私の脳は「死」という有害物質に完全に汚染されていたと思う。

その二――「仲間の力」と「場の力」

暴走する「死への思考回路」を止めたのは浦河で出会った仲間たち一人ひとりの力だ。浦河で言う「仲間の栄養」。そしてミーティングという仲間で作り上げる「場の力」。

私は何一つ頑張ってもいないし、ただ場の中に居続けることだけを積み重ねただけだ。最初は周りのことばかり気になっていて自分の気持ちなど遠いところにあったと思う。自分の気持ちに気づけるまでには数か月を要した。週一回の受診とディケア通いの日々は半年に及んだ。

本当の苦労を語れるようになるまでは準備が必要で、言葉がたりないと話したくても話せない。ミーティングでは何度も逃げ出したい場面があったし自分の緊張が相手に伝わるのではないかと気になってしかたなかった時期もある。いまでも〝心のお客さん〟は健在だ。そしてなぜだかわからないけど罪悪感が常に付きまとう。

でも対処方法が以前とは違ってきている。「大丈夫だよ」とか「落ち着いて」と自分に優しい言葉をかけられるようになってきている。「自分に優しくなる」。こんな考えはまったく思いもよらなかったことだ。

人に優しく、自分に優しくなれたらなんだかハッピーな気分だ。自分とのつきあいかたができるようになったら、人とのつきあいかたもうまくいくのかもしれない。人との距離感はその中でも一番難しくて、私の場合は近づきすぎたり離れすぎたりしてしまう。

その三──「言葉のシャワー」

ディケアのミーティングで毎回言葉のシャワーを浴びてきた。人の声、輪の中から生まれる笑い、争う言葉、一人ひとりのもつ切実な苦労と語られる感情をまとった一つひとつの言葉、一人では歪んでることに気づけなかった自分の誤った考えの数々。すべてが人から教えて貰ったことばかりだ。

ひとりでかかえていれば独りよがりな考えで終わってしまうけれど、仲間の中で話すと色が加わる。自分で一色と決め付けていたものが違う色に変化していく。主治医に「みんなからバランス良く栄養をもらいなさい」と言われた意味が、いまなら何となくわかる。誰か特定の一人からでは栄養が偏ってしまう。人間はカルシウムだけを摂取していてもバランスを崩すのと同じだ。

七、考察――「話すこと」からはじまる回復

いま関わっているすべての人たちが私の心の支えになってくれている。誰がではなく一人ひとりが。人がそれぞれ有しているパワーは他の誰かと比べたりすることはできないもの。潜在的にある可能性という未来形に近い希望を一人ひとりから感じる。

たまたま偶然にこの時代、そして日本という場所に生まれた同士たちが居る。百年近くを共にする仲間たち。その百年後にはまた新たな同士が現れる。人間の営みはそのくり返しのような気もするけど、その中に希望や夢があれば生きていくという作業も無理なくできるのではないか。

ありのままに生きるという一見一番楽そうに思えることが実は一番難しかったりもする。

結局私は寂しがりやで一人では生きていけない弱い生き物だ。高校時代から現在にいたるまで、かなり自分の世界だけで生きてきた私が最終的に求めたものは「人」だった。「人と一緒にいたい」「人とわかり合いたい」そんな小さくもあるようなことが一番してみたかったこと。

周りに人が居るときと居ないときは別世界だ。空気の色も温度も一人ひとりのもつ個性が生み出していく。言葉を使ってコミュニケーションすると心も身体も健康になっていくと思う。ネガティブな思考もそれ以上悪化することはなくなると思う。回復は話すことからはじまる。

八、おわりに

浦河に来て改めて「人」と関わることの大切さを知った。人間関係を築き維持していくことが苦手な私がいまは人との関わりを何よりも必要としている。

いま、これまでの転職十二回の経験と「人間アレルギー症候群」を通じて学んだ〝知恵〟を活かした起業を計画している。メンバーは、「人間アレルギー症候群」をかかえる女性メンバー四人である。

起業のキーワードは「女性」「病気」「過疎」「金欠」である。企業理念も、話しあった。「いつでも廃業」「こころと身体にやさしい会社」「出勤したくなる会社」である。資本金もない。唯一の財産は、これまでの〝命がけの苦労〟という経験だけである。

会社の事業内容は、それぞれのもっている語学力、病気の体験、音楽、人脈という固有のパワーを活かし「人に安心を届ける」メニューを計画している。いつか、「起業の研究」もできるかもしれない。

最後に、人の体内にある自然治癒力と仲間の栄養が私の心を取り戻してくれた。すべての人に感謝の気持ちで一杯だ。私に関わってくれている一人ひとりに〝ありがとう!〟。これからもよろしくね。

「〝サトラレ〟の研究――〝サトラレ〟から〝サトラセ〟へ」

吉野雅子（べてるしあわせ研究所）
協力　吉野雅子　秋山里子　加藤木祥子　橘秀樹　坂井晃　広瀬秀幸　清水里香

一、はじめに

自分の殻に閉じこもらないで、希望をもって、本音を話し、一緒に相手の気持ちを分かちあいたいと願いながらも、いつも現実は、だんだんと人から離れて孤立する毎日が長かった。短大に通っていたときには、特に大変で、バスや地下鉄に乗っても「自分の声が聞こえているはずなのに、周りは知らない振りをして平気な顔をしている」のだという気持ちにとらわれて、途中で降りてしまったこともあった。

沸きあがってくる人に対する悪口、罵倒する声がそのままで周囲に伝わってしまい、相手の心を傷つけているような罪悪感と短剣で自分の胸を刺すようなその恥ずかしさといたたまれなさで、ますます引きこもる状態をくり返していた。その辛さを誰にも判ってもらえない圧迫感のなかで、ひたすら耐えていた時間が長かった。

そんなかで、縁あって浦河で暮らすようになって二年が経とうとしている。浦河では、無条件で受け入れあえる仲間がいる。自分と同じ体験をもっている人がいるということを知っただけでも奇跡だと思った。

別な言いかたをすると「空気」の違いである。どんなに〝吉野雅子〟がひどくても、その場に居続けられる安心感のなかで、言葉にすることの大切さを知ることができた。現実にふれあう仲間や人のふれあいを通じて、〝サトラレ〟という苦労も、違って見えてきている。

このたびは、吉野雅子が一番苦労してきた〝サトラレ〟を仲間と語りあいながら研究し、そこから新しい〝サトラレ〟の可能性を探った。

二、研究の目的と方法

〝吉野雅子〟の〝サトラレ〟の苦労の最大のテーマは、分厚いコミュニケーションの壁をいかに取り除くかである。長い間、〝サトラレ〟に苦労してきた結果、自分を守るために周りにでき上がったコミュニケーションの壁を取り払いたいと思う。そのためには〝サトラレ〟のメカニズムの解明と有効利用の研究が必要である。

研究の方法として、〝サトラレ〟体験をもつメンバーに〝サトラレ〟の一当事者として研究の情報協力者になってもらい体験を語りあい、特に〝吉野雅子〟の〝サトラレ〟の成り立ちを現実の人を使って再現する手法を用いて分析した。

三、プロフィール

〝吉野雅子〟の自己病名は、「統合失調症サトラレ型」である。物心がついたときから、正体不明の不安感や緊張感をかかえていた。周りから睨まれている感覚、親からも生まれてきたことを歓迎されていないという不思議な絶対感をもっていた。だから、子ども時代を「妹の方がかわいい」とか「頭がいい」という思い込みと、自分は劣っているという実感の中で過ごした。小学五年生のときに、すでに漠然と自分のこころの中が読まれている感覚があって辛かった覚えがある。

その結果、自分の気持ちを相手に伝えることに、いつも困難をかかえていた。高校二年のときに、街の中を歩いている人に自分のことが伝わり「死になさい」という声が聞こえるようになり、そのことを親に話すと心配して精神科に連れて行かれた。

以来、これまでに二回の入院経験をした。何とか高校を卒業して短大に進学したが、結局、〝サトラレ〟がひどくなり一年で中退した。〝サトラレ〟に苦しみながら、街にも出かけることもできなくなり、親子関係にも行き詰まってしまい引きこもりの生活に陥って悶々としていたときに父親がべてるのことを紹介してくれた。二年前のことである。

自分にとっては、とても勇気のいることであったが、思い切って札幌市内で開催されたべてるの講演会を聞きに出かけ、メンバーと出会ったのである。

四、〝サトラレ〟を再現する作業

〝サトラレ〟をわかりやすい言葉で相手に説明するということは、とても難しいことである。そこで、仲間に協力してもらい、日赤病院のプレイルームでロールプレイを用いて〝サトラレ〟の再現に取り組んだ。

〝吉野雅子〟の実感を言うと、自分の身体とは別に、相手の身体の中にも〝吉野雅子〟がもう一人いるような感覚がいつもある。私が心で感じたこと、思っていることを私の口で言う代わりに、他人の中に入り込んだもう一人の〝吉野雅子〟がすでに伝えてくれているのだ。相手の身体の中に居座るには、相手の承諾を取る必要があるかもしれないが、申し訳ないが、いつの間にか「勝手に」入り込んだ状態かもしれない。

しかし、〝吉野雅子〟が抱く感情や気持ちには、相手に〝サトラセ〟てしまっては都合の悪いものもたくさんある。自分に降りかかる否定的な気持ちも相手に伝わるが、自分自身の体（表情や声）が出す表現と食い違いが起こるために相手の目を見て話すことができなくなることがしばしばである。

〝サトラレ〟のルーツとしては、〝吉野雅子〟の自己評価の低さが話題にあがった。自分の思ったことなどを口にはできないために、なんとか〝サトラセ〟を使い、相手に伝えているということも明らかになってきた。

この時点で、〝サトラレ〟というとまるで受身の感じで被害者のような印象があるが、実は違うことが判ってきた。結構、押しかけ的な感じなのだ。そこに垣間見えるのは、苦労と辛さの分かちあいを望んでいる〝吉野雅子〟の切実

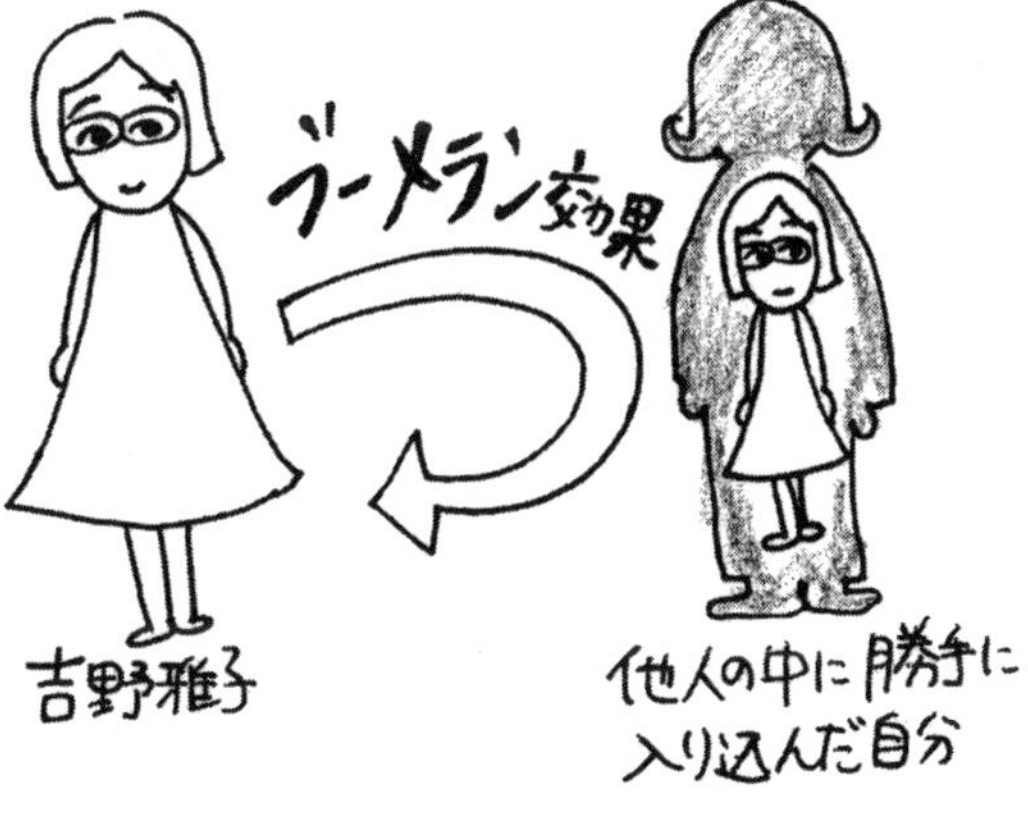

な願望である。

そして、仲間との話しあいのなかで見えてきたのは「相手と〝吉野雅子〟が同時に同じ気持ちを共鳴させることによって、人とつながっているという安心を得る手段になっているのではないか」ということである。

これを「ブーメラン効果」と名づけた。つまり、それは「安心の先取り」（図＝前頁）である。そして、そこで見えてきたのは「誰にも〝サトラレ〟ない、必要とされていないという絶対的な孤独感、孤立感」である。つまり、〝吉野雅子〟は、自分という存在を、誰かに〝サトラレ〟てほしかったのだ。〝サトラセ〟たかったのだ。

五、〝サトラレ〟に有効な〝サトラレ──OKサイン〟

「いかにして自分という存在を人に〝サトラセ〟るか」という実験プロジェクトは、べてるの講演会への参加という形でスタートした。人の中に入ることができなくて引きこもっていた〝吉野雅子〟が、自分という存在を世に知らせるというまったく正反対のやりかたに挑戦するのである。よりによって、講演の場所は日本で一番人口の多い東京である。

そこで、考案されたのが「〝サトラセ〟サイン」（図＝次頁）である。人混みの中で〝サトラレ〟

の苦労がはじまったら、仲間に親指を立てるのである。それをキャッチした仲間やスタッフも親指を立てて「了解、ＯＫ」とサインを返すというものである。

結論をいうと、効果はてきめんであった。あれほど困難であった人混みの中にも、何とか入ることができたのである。自分と相手の〝気持ち〟がつながり〝あなたの気持ち伝わったよ。恐がる必要はないよ。気持ちは一緒だよ〟というメッセージの交換ができて、〝サトラレ〟があっても守られている感じがした。

つまり、〝サトラレ〟の対処法として開発された〝サトラレ・サイン〟はそのような意味で相手とつながる具体的な方法として効果があったのである。さらに、判ったのは、誰に対して

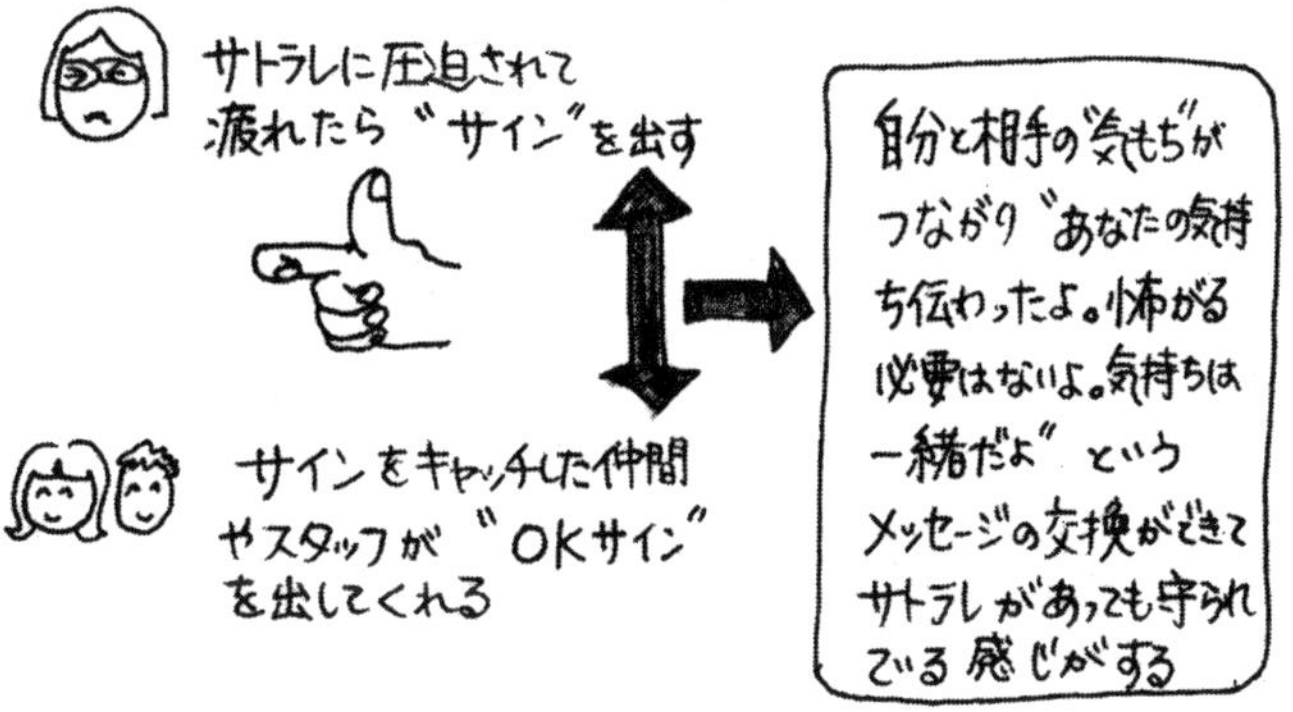

も〝サトラレ・サイン〟が有効なわけではない。「信頼関係」という土台があってはじめて効きめがあることもわかった。

六、考察

今回の〝サトラレ〟の当事者研究を通じてわかったのは、相手の感情と自分の感情は別だということである。そして、苦しいときには、〝吉野雅子〟の〝サトラセさん〟と上手に対話してなだめてあげることが大切だということもわかってきた。その意味で〝サトラセさん〟はとても人間好きであり、本当は人間と対話するのが大好きである。〝吉野雅子〟のことも、とても好きになりたいと考えて

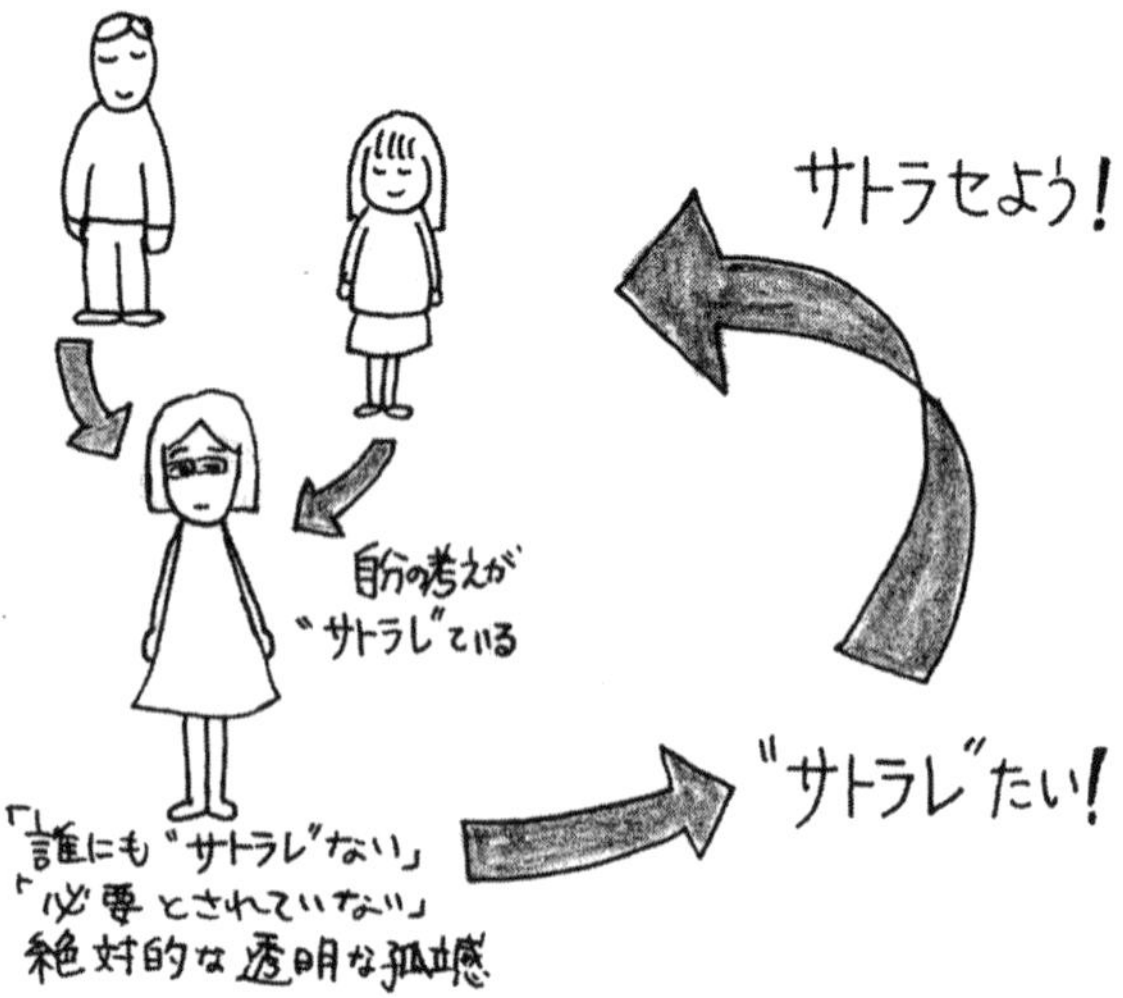
サトラセよう！
自分の考えが
〝サトラレ〟ている
〝サトラレ〟たい！
「誰にも〝サトラレ〟ない」
「必要とされていない」
絶対的な透明な孤独感

いるような気がする。

〝吉野雅子〟の課題としては、上手に他の人に依存できる人間になることが大事であり、自分のことを好きになってあげることかもしれない。そして、何よりも妄想とだけじゃなくて、現実の人間とつきあう力を身につけることが大切だということを痛感した。

「起業の研究——虚しさガールズの起業物語——第一報」

「むじゅん社」代表　山本賀代　秋山里子
協力　今村弥生　伊藤恵里子　向谷地生良

一、はじめに

浦河のある北海道日高は、巷の景気上向きのニュースとはまったく縁がなく順調に過疎化が進み、働く場もなくなってきている。特に官庁関係の整理統合は凄まじい勢いですすみ、あちこちに空いた官舎が目につく。

この街で、いま、新たに浦河で暮らす〝虚しさ〟を共通体験としてかかえる四人の女性メンバーが「起業」に立ち上がった。

ある占い師によれば〈山本賀代〉は今年最悪の年だそうで、物事を始めるには最も適さない年らしい。そんな中、会社を立ち上げることになって不安になり、向谷地さんに「今年、あたし大殺界なんだよね」って相談したら「そんなこと言ったら山本さんの人生ずっと大殺界でしょ」と言われ、それもそうだと納得して「やるべきだ！」と思った。

四人に共通する生きづらさは、自己病名で言うと〝人間アレルギー症候群〟である。これは、自分も含めた人間に対して起きる拒絶反応で、抗原――アレルゲンと化した〝人間〟に接すると心身にさまざまな症状が出現し、生きていくことが困難になる一連の生きづらさの総称である。

べてるの家の起業に特徴的なのは、仕事やビジネスの成功とはまったく縁遠い、むしろさまざまな失敗や挫折を経験したメンバーによって営まれてきたことであり、誰が考えても上手くいくとは思えないのが、ポイントである。

その意味でも、このたびの起業の試みは、まさしくべてるの王道を行っている。しかし、過去の起業と違うのは、このたびの起業の試みは、一つの研究であり、実験であるところに特徴がある。

起業を志してから、ちょうど半年が経った現在までの歩みを、当事者研究をとおして振り返ってみた。

二、虚しさガールズのプロフィール

このたびの起業は〝元祖人間アレルギー症候群〟の秋山里子、〝仮面何でも依存症〟で、物や人に過剰に依存し、仮面をつけて自分のことを無視して生きることが得意で困っている木村名奈、〝統合失調症魔性の女タイプ〟の長友ゆみ、そして、〝自分のコントロール障害〟の山本賀代の四人の「仕事が続かない」苦労と「金欠」への危機感からはじまった。

まず、最初に四人を代表して〈山本賀代〉の〝虚しさ〟の系譜と就労をめぐる苦労の一端を紹介したい。

〈山本賀代のプロフィール〉

〈山本賀代〉は、このたびの起業において代表取締役に抜擢された。代表取締役が〝代表取り締まられ役〟となる可能性もはらんでの抜擢であり、最大の出資者でもあるが、いまでも働くとか仕事という言葉を聞くだけで憂鬱になるくらい就労に関してうまくいった試しがない。

その〈山本賀代〉の側には、いつも〝虚しささん〟がいる。〝虚しささん〟とのつきあいは、かれこれ幼稚園からだ。その〝虚しささん〟と隣り合わせで、いつも「死」の風景があった。

小学校に上がり、祖母の死の場面に立ち会った。翌年、隣の家の私の一番の仲良しだった女の子が喘息で亡くなった。私はいつも何事もないように装いながら〝あの子はどこに行ったんだろう。私はどうすればいいいんだろう。なんて簡単に人間は死ぬんだろう。そのくせなんて愚かなんだろう〟と考えてばかりいた。そして次の年、祖父が死んだ。

ある日突然大事な誰かがいなくなってしまう。みんなそのときは泣いている。でも過ぎれば何事もなかったかのように平然と暮らす。そのことが不思議でたまらなかった。

小、中、高、大学では自分はダメ人間で人生失格なのだと深い絶望感に包まれながら過ごした。本当に自分は社会のゴミだとしか思えなかった。自分がたまらなく汚く醜く情けないように思えて、男性や酒や薬物を〝虚しささん〟に与え続けていないと、居ても立ってもいられなかった。

浦河との出合いは、大学を何とか卒業し、たまたま友人を訪ねて浦河で暮らし始めたのがきっかけであった。のんびり暮らそうと思ったが、最初のバイト先では、いつも責められている気がして仕事中に泣き出し、つぎのバイト先ではバイト仲間が私の悪口を言っている気がして、辞めてしまった。

その頃、酒をあおり、眠れないと言って泣いてばかりの私を友人が浦河日赤病院精神科に連れて行ってくれた。私は、そこで初めて精神科を知り、べてるの人たちと出会い自分と同じ匂いのする人たちと出会った。一瞬ホッとしたがすぐに「こんなはずじゃない、私はがんばればもっとできるんだから」と思い、実家に帰り就職した。

最初は経理の仕事についたが、さっぱり理解できず、電話番も声が小さすぎると怒られ、お茶汲みや掃除の仕事もいやでしょうがなくて三か月で通えなくなり辞めた。

次は内装の仕事をした。女性経営者と二人で仕事をした。仕事は地味できつかったが一応言われたことはできたし一所懸命やった。いろいろ優しくしてもらったが、その人のことが憎くてたまらなくなってしまい、殺したい衝動に駆られ危険を感じて辞めた。

そしてまた引きこもった。拒食し布団に潜り込み「母さんの子宮に帰りたい、死にたい！」と泣き続けていた。私は、やっぱり自分が生きられるのは浦河しかないと思った。

三、研究の目的

このたびの研究の目的は、〝人間アレルギー症候群〟〝自分のコントロール障害〟をかかえた当事者が、安心して仕事を継続する条件や方法を探ることである。さらには、浦河という過疎地域の中で、当事者の起業にふさわしい仕事づくりをすることである。

しかし、本音を言えば、中心となっている〈山本賀代〉の金欠が深刻さを増し、働くこと、収入を得ることが切実なテーマとなってきたことである。

ともあれ、「働く」ということが、最大の難関で、ほとんど成功体験をもちえないという共通の苦労をかかえる四人の〝虚しさガールズ〟が一同に会し、話しあうなかで、失敗ありの実験的な起業ということで、みんなの意識は固まった。

四、研究（起業）の方法

まず、起業に向けた体制作りとしてチームが形成された。山本、秋山、長友、木村の四人の〝虚しさガールズ〟の起業を支援する二人の女性スタッフ（精神科医、ソーシャルワーカー）と二十八年間、べてるの起業をバックアップしてきたソーシャルワーカーの向谷地氏が協力を引き受けてくれた。

そして、最初にミーティングをもった。ミーティングでは、自分たちのいままでの就労の体験を語りあい、べてるを支援してくれた企業人やべてるの家のいままでの起業の進めかたや運営のしかたのポイントを振り返り整理し、起業に向けた役割分担をおこなった。

起業の進めかたとしては、一、キーワードを考える、二、起業理念を考える、三、理念を反映した会社名を考える、四、「苦労の先取り」と「弱さの情報公開」、五、事業内容を決める——自分の体験、趣味、こだわり、特技、病気……何でも活用、六、三度の飯よりミーティングの具体化にそったすすめかたをすることを確認した。

役割分担では、代表取締役に山本賀代、経理担当が秋山里子、広報と記録を長友ゆみ、木村名奈が担うことになった。そして、定期的にビジネス・ミーティングを開き事業の進捗状況を確認しあうことにした。

ちなみに、会社名は、喧々諤々の話しあいのなかで「人生は矛盾だらけだよね」の一言から「むじゅん社」と決まった。

そして、最初に取り組む仕事がお馴染みの山本賀代と下野勉のユニット「パンチングローブ」のCDの製作であった。

五、起業理念を考える

起業の理念を考える上で、大切なことは、キーワードを決めることである。そこで、理念を話し合う前に、創業に向けたキーワードを出しあった。出てきたのは「過疎」「女性」「病気」「金欠」であった。

これらのキーワードをベースに、「理念出し」の作業をおこなった。これは、結構笑いながらの楽しい作業だった。いままでの就労での苦労につきものだった「長続きしない」とか、自分を責める「マイナスの〝お客さん〟満員御礼」の状態の中で、人間関係が保てなくなり、仕事の把握も困難になり結果的に仕事を辞める羽目になった経験に共通していたのは「人の基準に合わせる」ということの難しさであった。

そこで、自ずと出てきたのが、自分の基準で、自分の身の丈にあった会社を創造するというコンセプトである。そのような話しあいのなかから以下の理念が生まれた。

●虚しさを絆に

以前は虚しさを埋めるために失敗をくり返し、さらに虚しくなっていた。でも、あえて虚しさを解消しようとする試みを諦めて、まず〝虚しさを絆に〟仲間をつくる。虚しさも捨てたもんじゃない。

●身体と心に優しい会社づくり

いままで自分と会社が体と心に優しくなかったので、仕事をとおして体と心への優しさを学びたい。

●いつでも廃業

〝自分を廃業したい〟衝動にかられるなか、それぞれの命が存続していることが会社の存続につながる。いつ会社を廃業しても生きていけるくらいのスタンスで働いていきたい。

●期待されない会社づくり

期待されたいけど期待されるとひどいプレッシャーを感じるので、期待されることを期待しない会社にしたい。

● 安心してサボれる、潰れる、通える、語れる会社づくり

こんな会社は見たことないが、こんなことができないと自分が保てない。ありのままで順調と思えるようになりたい。

● 命がけの苦労の体験が資本

失敗だらけの人生で、自分を責めるのが得意技だけれど、これまでの人生経験が何よりの宝であり、お金には変えられない資本である。

みんなのいままでの経験のなかから生まれた理念は、普通の会社では通用しないものばかりだったが、安心できる誇れる理念だった。そして、「ビジネスって、利益を追求しながら、人を尊重するってこれ、矛盾だよね」という語らいのなかから、「むじゅん社」という会社名が生まれた。

六、「苦労の先取り」と「弱さの情報公開」

べてるでは、何をするにも大切にされるのが、「苦労の先取り」と「弱さの情報公開」である。起業に挑戦するなかで、起きるであろう苦労や自分のかかえているリスクを積極的に公開するの

である。それは、予想される人間関係の苦労や行き詰まりに向けた地ならしの作業である。

そこで出てきたのが、「完全にマイナスの〝お客さん〟にジャックされる」「人づきあいで、苦労する」「被害妄想がくる」「辛くなったらお酒に依存する」「いつの間にか、孤立する」「自分の感情を見せないようにしてアップアップになる」であった。そして、それをみんなで確認しあった。それで順調!、と。

七、事業内容

事業の内容は、それぞれの得意分野を生かして音楽CDの作成、ビデオの作成、翻訳・通訳、出版、データ入力、研修の企画、べてる関連の安心グッズの企画・販売と決めた。これらも、べてるの家の活動とリンクした形で考えたものである。

八、事業の開始

「むじゅん社」の社員は、究極の〝虚しささん〟をかかえている。マイナスの〝お客さん〟(思考)にジャックされやすく、自分の存在を否定するのが得意だ。ミーティングをしないと自分の世界に入り込みやすいので、週一回のメンバーミーティングと交換日記とコミュニケーションは会社存続に不可欠な作業だ。

広報の長友ゆみは、初の会社ミーティングからずっとビデオを撮り続けている。初の給料日までを撮り続け、ドキュメンタリー風のビデオを作っちゃお〜!!という目論見だ。

初めて舞い込んだ仕事は、札幌で開催される看護学会事務局からの「パンチンググローブ(山本賀代&下野勉)」のCD三〇〇枚の製作であった。それを、同じ時期に行われる浦河でのべてるまつりでも販売しようという計画を立てた。

メンバー四人と仲間の協力でCDを作り上げた。すべてが初めての作業で手作りだった。一つの作業をみんなでするというのは、つながり感があってうれしかった。

札幌での格安のスタジオ——名前は〝クルースタジオ〟というところであったが、〝狂うスタジオ〟ということで大うけ!——探しから、レコーディング代、CDの材料費、札幌までの交通費の計算、利益の配分についての検討——アーティスト二〇%、会社の取り分四三%、消費税なし——など、やることが次から次へと押し寄せて結構忙しかった。ちなみに、これまでのCD製作枚数は看護学会の記念版を含め三二〇枚である。すでに二九四枚が売れた。先日は、ライブ版の録音を東京の音楽喫茶でおこなった。滑り出しは、順調である。

九、起業の研究から見えてきたもの

〝虚しさガールズ〟四名で会社を立ち上げ、たくさんの〝お客さん〟（マイナス思考）に邪魔されながらもなんとか「むじゅん社」が存続していることを本当にうれしく思う。先の見えない、不安だらけの世の中だが、「むじゅん社」がここにあり、みんなが周りにいるということの実感がいまはある。そのことに希望を感じながら地道にやっていきたいと思っている。

これまでを振り返ると、何よりも、多くの人たちに助けてもらえる会社ができたことがうれしいし、みんなが休まる会社になったらうれしい。虚しさを絆に、金欠であっても、女性でも、病気をかかえていても、過疎の街に住んでいても、なんとかなりそうな気がしてきた。

おもしろいのは、商売とは縁のないメンバーがＣＤの製作をとおして、人とのつながりを取り戻しつつあることだ。各地の講演会や学会をとおして新たな人と出逢い、歌うことでまた人とのつながりを回復していく。どうやら、人はつながりなしでは生きていけない生き物らしい。「むじゅん社」ができたことをきっかけに一人の人間としての居場所ができた気もする。月並みな言いかただが、目標をもってみんな一つのものを創っていく喜びを味わうこともできたし、いままで以上にマイナスの〝お客さん満員御礼〟状態になっても、同じ辛さをかかえている仲間だということで判りあえる大切さも実感できた。

何よりも、会社があることで、生活を〝引っ張ってもらっている感じ〟が心地よい。そして、わかったことは、自分はやはり「仕事をしたい」「何かをやり遂げたい」という切実な思いをもっていたことである。

十、おわりに

今年の春先のことだった。〈山本賀代〉の取り留めのない〝虚しい〟愚痴を聞いていたワーカーの向谷地氏が「虚しさを絆に会社を作ろう!」という話を突然もちかけてきた。最初はこのかかえきれない荷物の上にさらに荷物を積むのかと恐ろしかった。しかし、他に生きていく方法がなく、実際にお金も稼がないとやばくなってきていた。

現在、「むじゅん社」をはじめて半年、あれだけ全身を支配していた〝虚しささん〟はいま〈山本賀代〉の肩の上にちょこんと座って夜にボソボソとつぶやいている程度である。

今回の〝起業〟のそもそものきっかけは、一年前に、向谷地氏が札幌でおこなった看護師向けの講演会に、相方の下野勉氏を電話一本で呼びだし(べてるでは、よくあること)、事前の打ち合わせもないままに即興でつくった〝ありのまま〟という曲を歌わせたことだった。歌い終わったら、

CD三〇〇枚の注文が舞い込んでいた。

人の縁とは不思議なものだ。この世は独りぼっちのようで実はいろんな人がいろんなつながり絡まりあって生きているらしい。

向谷地氏は、その人間の竜巻を世の中からはみだし気味な病気の人のところまでわざわざ届けてくれる竜巻親分なのだ。だから私は下手な抵抗をせず「むじゅん社」という竜巻の渦の中で暴風雨にさらされながら人と手をつないで生きていくことにしよう。

「むじゅん社」の絆を深め、おまけにいつの日か社会に貢献する道具になりますように……。

神さま、よろしくお願いしまっせ！

「救急車の乗りかたの研究」

福島孝（通称　ドクター福島）
協力　伊藤知之、向谷地生良

一、はじめに

僕の自己病名は「不安発作爆発攻撃型・統合失調症救急車多乗タイプ」です。べてるとの出合いは、五年前にフリースクールのスタッフらと一緒に訪ねたことからはじまりました。

その後、二〇〇四年の夏前に病院の主治医の先生とうまくいかず、幻聴さんにも困るようになりました。そこで、べてるの向谷地さんに相談すれば、助かるのではないかと思い切って一〇四で電話番号を調べて夜に自宅に電話をしました。

この頃は、精神的に体調が悪くなっていて、いまはよくなってきている感じもしますが、フリースクールとの関係もギクシャクしていました。そのときに、教えてもらったのが、「べてるの仲間が使っている幻聴さん対処法」でした。

幻聴さんで一番困っていたことは、救急車に乗ってしまうことでした。幻聴さんがきて、散歩をしているあいだに「救急車を呼べ！　一一九番通報しろ！」と命令系の幻聴が入ってきます。救急車には、この十五年で三〇〇回ほど乗ったと思います。多いときには、一日四回、月二十回は救急車に乗りました。

救急車を呼ぶことは、幻聴さんばかりではなく、不安発作が始まり、病院に行けば治るという安易なことから利用し、病院に行っても、応急処置をされて帰って来る状況下におかれていました。

一番早い時間で救急車を呼んだのは、午前二時に家の近くの公衆電話から呼んだことがあります。帰って来て、午前四時にまた救急車を呼んで、家のベットについたのは、午前六時でした。いま思えば、「不安発作だ、病院に行かなくちゃ」という異常行動にかられていました。

しかし、対処方法を教えてもらってからは、幻聴さんが来たときは「今日は僕はやりたいことがあるので、幻聴さんに怒るのではなく、丁重に今日はやることがありますので、お帰りください」と伝えると、ピタッと幻聴さんが薬よりも何よりもきいてとまりました。そして、そのときから救急車に乗らなくてもよくなりました。

二〇〇四年八月に家族と僕と三人で、横浜から浦河に飛行機で向かいました。そこで浦河で向谷地さんと家族とホテルのレストランで会って話を聞いてもらい、本格的にべてるとつながったのです。そこで一緒に研究をはじめようということになり、電話をいつでもかけてくれていいよと言われ、電話番号などを教えてもらうと、それだけでかなり安心しました。

それから一年が経って講演にも行くようになりました。そこで、みんなに薦められて「救急車への乗りかた」の研究としていままでの苦労をまとめてみました。

二、苦労のプロフィール

昔、学校でいじめられていた頃のことを思い出します。いじめられて、学校に行きたくありませんでした。家族に、いくら、いじめで学校に行きたくないといっても、その意思表示が伝わらず、学校で酷いいじめにあっていました。

学校に行こうと思うと、吐き気がしたり、お腹が痛くなったり、精神的なものによる、拒否反応が現れるようになっていました。

学校に行きたくないので、朝、何度も小児科医の診察を受けましたが、どこも異常が見当たらない。遅刻して義務教育だから親は学校に行きなさいといったが、僕は義務教育などなくせばいいのにと思ったことがありました。

それで、十五歳の頃、爆発して家庭内暴力、不登校、車・バス体当たり事件、公衆電話破壊事件を起こし、近所のおばさんの紹介で、近くにある精神科病院に受診を薦められましたが、入院をことごとく断り、家での爆発行為は続きました。「どうしてうちの子がこんなになるのか」と母は泣いていました。

僕が考えた学校に行かない方法は、簡単に言えば、病気になることでした。そうすれば延々と学校が休めると思ったのでした。あと電車に飛び込んで死にたくなることもありました。しかも大好きだった京急電車に飛び込もうとしたことがありました。

ある日、人の目を引き寄せたいということで、駅の公衆電話から一一〇番通報をして「いまから電車に飛び込む」と通報したら、すぐに警察が公衆電話を逆探知して、場所を特定し、駅にパトカーがきて保護されたこともありました。十四歳の頃でした。

昔から救急車を呼べとか、軽い幻聴さんがあったかもしれませんが、統合失調症とは病名がついていなく、ずっと心因性反応、精神遅滞障害で治療を受けてきました。精神遅滞障害は、内科・小児科の医師に聞いたら精神安定剤は必要ないよ。逆に同じこと何度も話してうるさいからという理由で、安定剤で抑えられていました。ときには強い安定剤を使われていました。

三、研究の方法

研究の方法は、いままでの経験をまとめてべてるとメールでやり取りしました。講演にも行くようになり自分の体験を多くの人たちの前で、話すことを続けてきました。電話での相談ややり取りも何回もしました。そのことを通じて、救急車をめぐる僕の苦労の意味が、少しずつ、わかってきました。

四、救急車との出合いと救急車の乗りかた

最初に救急車に乗ったのは、不安発作が起きたとき、病院に行けば治るじゃないかと思い、救急車を呼びました。最初先生は救急車へ乗ることを怒っていませんでしたが、回数が重なることによって、だんだんと「救急車で来ないで、バス・タクシーでいらっしゃい」と言うようになりました。

でもそれを無視して、早く行きたいという勝手な思いもあり、救急車のスタッフは大丈夫ですよと親切にしてくれるので、とても嬉しかったので、救急車で都内の病院の精神科に入りました。そのように回数を重ねるうちに、だんだん救急車にハマっていました。

家族との関係は、最初の頃は、父・母も心配しているのですが、母が救急車で病院に行って救急外来から母に電話があって、病院に迎えに来て、その後、お説教をされてしまい、家族間の関係はぎくしゃくしていたこともありましたが、それでも救急車を呼びたくなる衝動が抑えきれずに、何度も呼んでいました。

僕にはとくに説明がなかったのですが、家族に救急車を使ってくるほどのものでもないと医師から説明があったらしく「救急車を使うことはいけない」と言われましたが、いけない、だめというと、余計に「救急車を呼んで、親を困らせてやろう」という自分のなかの小悪魔がでてきて、自分でも困っていました。

一番悪いことをしたと思うことは——ごめんなさい！——駅からのバス代が財布になく、警察に精神科に受診しているといったら「救急車を呼んで病院に行くんですね」と言われて、病院に行きました。

自殺未遂で薬をたくさん飲んで救急車で運ばれたときには、救命救急外来に到着したら、指定医が「自傷他害」の恐れの診察をしていましたが、苦しいなかで静かにしていれば大丈夫と芝居を打って、自傷他害にはなりませんでしたが、胃洗浄をして、運よく精神科の病棟が満床なので、内科の病棟に一日緊急入院で泊まりました。

病院に着いたらおとなしくしているのが、コツです。いい子を演じるのも大変な苦労です。下手に何か言えば、医療保護入院とかにされるか、任意入院の手続きをとられてしまうという頭がありました。

ここで、後ろめたさと、近所迷惑を考慮しながら救急車に乗り続けるために考えた救急車の乗りかたをまとめてみました。

①近所迷惑を考えて、救急車に乗りたい衝動を感じたときは、住んでいる神奈川から、わざわざ都内の品川駅まで電車で行き、公衆電話から救急車を呼ぶ。（家から一度呼んだことがあって、家の近くに救急車がきて近所のひんしゅくをかった。それで、家の近くの公衆電話から、SOSボタンを押してから、救急車を呼ぶか電車で遠くに行って呼ぶようになった）

②救急車がやってきたときには、不安発作がおさまっていることが多いので、呼んだ手前、なんだか悪いので、なるべく苦しさを持続させるようにがんばる。

③変な病院（特に精神科）に連れて行かれないように、搬送先の病院を指定する。だから、どの地域から救急車を呼んだら、どこに搬送されるかを事前に調べておく。

④症状は、聞かれたら「息が苦しい、お腹が痛い」と言う。特に何回も乗るときには精神科に連れて行かれないように「お腹が痛い」を強調する

以上が、救急車に乗っていたときに工夫していたことですが、救急車への多乗には、副作用もあります。それは、お腹が痛い、息が苦しいといって病院に運ばれると、救急車の車内では、心電図がつけられたり、脈を図ったり、血圧をはかったりして、救急隊員が大丈夫ですよと言いながら、病院に搬送され、CT・MRI・採血・尿検査の検査をして、レントゲンは身体がチェルノブイリ状態です。

約二年で一〇〇回。一日に多いときだと、約四回乗ったこともあります。三回めくらいからは、病院も、来ていただいても状態はそんなに変わりませんよと言われ、再診料のみで帰って来るときもあれば、点滴やりましょうかと言われて、点滴をやっていたこともありました。

胃潰瘍の疑いで、内視鏡も飲みましたが、検査結果は急性神経性胃炎で、内科ではこれ以上対処できないので、紹介状（診療情報提供書）を書くので、神経科に受診を薦められましたが、それでも無視をして、救急車で内科、だめならば脳神経外科に救急車で入っていたこともありました。

そして、一番困ったことは、高額な検査料の支払いと帰りのタクシー代です。ですから、いくら救急車が無料だといっても、その後にかかる費用が馬鹿になりませんでした。

五、なぜ救急車に乗りたがるのか

なぜ、救急車に乗ってしまうのか。それを解明するのが、今回の研究の一番の目的です。そこで、向谷地さんからメールで質問を送ってもらい、それに答える形で「メール・インタビュー」をしました。とにかく言えることは、不安発作・病気＝病院というメカニズムがいままでの苦労でできあがっていました。そのメカニズムと背景を以下のように考えました。

①救急車は、建前は緊急ですから、赤信号を突破して病院へ向かいますが、前を走っている車がいっせいに避ける様は、「王様になった気分」だった。その優越感にハマった。

②特に、新しいタイプの救急車が入ると無性に乗りたくなってしまって、ムズムズしはじめる。ちなみに、救急車の値段は、二千万円くらいするそうだ。

③親と喧嘩をしたとき、「救急車を呼ぶから」というと「それだけはやめてほしい」といって形成が逆転する。

④不安発作が辛いときには、やはり救急車を呼ぶと安心した。

⑤幻聴さんから「救急車を呼べ」とからまれたときに、救急車を呼ぶと一応収まるので、やめることができなかった。

⑥話し相手がいなかった。
⑦劣等感があった。
⑧ずっと病気のままで人生が終わってしまうのかという不安があった。
救急車に乗るということは、あとで後悔があっても、以上のすべてが一時的に解消される特効薬でした。

六、なぜ、救急車に乗らなくなったか

十五年間、多いときで月二十回、そして延べで三〇〇回以上は乗らざるをえなかった救急車に、向谷地さんや、当事者の伊藤知之さんに電話を入れて話を聞いてもらったり、幻聴さんへの自己対処を試みたり、体調がいいときに講演で話すことで、救急車に乗ることより自分のやることができた感じがして、幻聴さんも楽になり、救急車に乗らなくてもよくなりました。電話サポートがかなり有効的だったのです。いま考えると本当に不思議な気がします。

救急車に乗らなくなり、逆に気になり、消防庁の救命救急担当に救急車を多乗利用したことを謝罪に伺ったが「お気になさらなくて結構です。これからもご利用ください」と言われました。

いまは、道で倒れて困っている人がいると、救急車を呼んであげるほうになりました。もしも

自分が医者であれば、その人と一緒に病院まで行くだろうなと思うことがあります。なぜ、救急車に乗らなくてもよくなったのか。話し相手だけだったら、いままでも一応、聞いてくれる人はいました。でも、幻聴さんの話をするとみな、引いてしまいました。「それは、先生に相談したら」とよく言われました。

しかし、精神科の先生とのつきあいで「決して本当のことを言わない」ということを心がけている自分としては、言えませんでした。薬を増やされるか、入院を勧められるのではないかという不安がいつもあったからです。

いまは、薬は安定剤一錠、睡眠薬二錠です。先生に内緒で医学書をみて、自己調節です。うまくいっています。都会の精神科医には、本当のことをたくさん話さないこと。本当のことをたくさん話せば薬はどんどん増えていきます。この安定剤にしようか、あの安定剤にしようかという具合にです。現に僕も約十五種類以上の薬を精神科で処方されていたことがあります。

人とのありのままのつながりが、僕を救急車から解放してくれました。

七、おわりに

向谷地さんから、「病気になって精神科医や看護師、ソーシャルワーカーとの関わりをするようになって大切にしてきたことは何ですか」と聞かれたことがあります。私は「決して本当のことを言わないこと」と答えました。人口が二千万人近くはいる関東で、僕は、本当のことを言える人がなく、生きることができなくなって、頼る人も見つからず、人口一万五千人の北海道の過疎地浦河で人とつながることができたというのは、おもしろいなあと思います。都会のほうが、絶対に田舎よりも恵まれているはずですが、僕の場合は、逆でした。

これからは、体調に合わせて、どんどん講演などの活動にべてるの関東スタッフとして参加していきたいと思います。二〇〇四年十二月頃から約一年間、べてるの講演に当事者の一人として講演デビューをしましたが、最初、精神障がい者というと自分でも、社会から排除される怖さがありました。

でも自分の病気のことを知り、病気の研究をしているうちに、障がい者も働ける人は働いているし、病気でありながら薬を飲んで、無理なく動けば大丈夫かなと思えるようになりました。べてるの講演を聞きにいってるうちに、そして家族にもべてるを少しでも知ってもらううちに、病気であっても大丈夫！　順調だと思えてきました。

他にも当事者、その家族でお困りのかたがいましたら、ぜひべてる講演を聞きにいらしてください。そして一人ではないことを知って欲しいと思います。障がい者でも講演をやっているうちに、精神医療はべてるは最先端なので、とてもいい情報が入ってきて、精神神経科に対して暗いイメージがないので、安心していられることに気がつきました。

これからも体調に無理なく、講演を続けていければ幸いです。二〇〇四年の夏、父・母も一緒にべてるを訪ねてくれたことに感謝しています。ありがとう。

電話サポートで向谷地生良さん、伊藤知之さんに支えられていることに感謝しています。ありがとうございます。

〈福島孝のプロフィール〉

一九七二年横浜に生まれ、二〇〇五年十二月からべてる講演デビュー。向谷地さんが名づけたべてる講師でのあだ名は、物知りということで「ドクター福島」である。これからも自分のなかの主治医として、「ドクター福島」は病気の研究をしていきたいと思います。

「どうにも止まらない涙の研究」

しあわせ研究所　吉田めぐみ（通称　よしめぐ）
協力　文珠四郎・弥生　秋山里子　川端俊　向谷地生良　加藤木祥子　岩田めぐみ
大濱伸昭　鈴木とみ子

一、はじめに

私の自己病名は「慢性涙せん緩みっぱなし症候群自分いじめ型」である。とにかく、場違いな場所や場面で涙が出て困っている。それも感情とは無関係に涙が出てくるのである。しかも、それがだんだんエスカレートしてきて、仕事や人間関係にいろいろと支障が出てきている。

主治医の川村先生にいわせると「目が失禁している」とのこと。自分なりにも、弱いからすぐ涙が出るのだと思い、涙を出さないようにと強くなる努力をしてきた。たとえば、泣きそうな場面になると、必死に我慢したり、その場から立ち去ったり、トイレに閉じこもり、自分を落ちつかせようとしたりと、それこそ〝涙ぐましい〟努力をしてきた。

その結果、「目の失禁状態」は、もっとひどくなり、周りにも「涙でごまかすんじゃないよ」と言われて、そんなつもりじゃないのに、涙が止まらないことを説明できないもどかしさで、自分に腹が立ち、嫌気が差すという悪循環にはまっている。

そんなとき、たまたま参加したデイケアの当事者研究ミーティングで、みんなと一緒に「涙の研究」をする機会にめぐまれた。今回は、そこでの研究成果をまとめて報告したい。

二、苦労のプロフィール

〝よしめぐ〟は、北海道生まれで、今年で二十歳になる。浦河に来てちょうど五年が経つ。一人っ子で、生まれてから親の仕事の関係で東京と北海道を行き来し、三歳のとき親が一回めの離婚をし、母親について母親の実家がある東京で暮らすようになった。

離婚などのいろいろなストレスが原因で母は精神の病をかかえるようになり、入退院をくり返すようになった。その間、〝よしめぐ〟は、児童養護施設に預けられた。時々、入院中の母親が施設を訪ねて来て「まだ退院できなくてごめんね」と泣きながら謝られた記憶がある。子どもというのは、親に泣かれると逆に泣けないもので、母親が帰ってから一人部屋で泣いた。

六歳のときに、どういう経緯かわからないが、両親が復縁することになり、再婚して北海道に戻って来た。そして、小学四年まで祖父母、両親の五人で暮らした。しかし、それは新たな苦労のはじまりでしかなかった。嫁姑問題、親子喧嘩、夫婦喧嘩などの問題が、毎日のように目の前で繰り広げられ、家庭はいつも崩壊寸前であった。

そこで、嫁姑問題を解消するために、小四から親子三人でアパートに引っ越したのはよかったが、今度は夫婦喧嘩がますますひどくなり、いつも泣いてばかりいる母と怒る父を〝よしめぐ〟は、なだめるという役割を仕事のようにがんばってやっていた。

このような修羅場を生き延びるための手段は、学校の成績が喧嘩の原因にならないように勉強をがんばることと、父親からは母親の愚痴——あんな母親にはなるな——を聞き、母親からは父親の愚痴——あんな父親のような大人にはなるな——を聞くという調整役に励んでいたことだった。〝この頃から生きているのが嫌で、いつのまにか学校も苦痛で居場所がなくなり、人の中にいると頭痛と腹痛がおきて、休み時間になると保健室に足を運んでいた。

中学一年の夏には、夫婦喧嘩が起きると家出する母親について一緒に家出につきあうことが多くなった。母親に「一緒に死のう」と言われ包丁を見せられたときにも、母親の苦情を冷静に聞く自分がいた。その反動から、トイレの壁に頭を打ち付けたり、鉛筆の芯で手を傷つけたりしていた。

その頃から、本格的に学校に通えなくなり、父親のすすめで母親が通っている精神科に初めて受診し、学校を休んで精神科デイケアに通う毎日がはじまった。

そんななか、中学三年のときに両親が二度めの離婚をした。その結果、母が入院して〝よしめぐ〟は、再び児童相談所に送られることになる。母親が退院して自宅に戻った後は、今度は、母親との争いの毎日がはじまった。

そこでおきたことは薬の大量服薬と意識消失と家出だった。結果的に、精神科への入院と児童相談所への入所だった。中学三年にも拘らず、進路も決まらず、生きる力も居場所もない中で考えられたのが養護施設がありべてるの家がある浦河行きだった。

浦河に来て、なんとか高校受験に合格し施設から高校に通いだしたが、身体全体に緊張感が走り、空気を吸うこと自体が苦しかった。その結果、あれほど望んでいた高校生活だったが、友達もなかなかできなくていつも本だけが友達になっていた。施設にいても、学校に行っても毎日が憂鬱で、苦しくて朝汽車に乗れなくなり、また不登校がはじまった。

原則として、高校に通わない子は養護施設にはいられないというルールの中で、新たに行き場を探すことになった。その結果、べてるの家のグループホーム「りかハウス」に入居し、べてるで働くことになった。

三、研究の方法

研究方法としては、まず、デイケアの当事者研究ミーティングに「涙がとまらない」という自分の苦労をお題として出してみた。「出してみた」といっても、たまたまデイケアに足を運んだら、当事者研究ミーティングに誘われて、お題を出すはめになったというのが真相である。

当事者研究ミーティングには、デイケアのスタッフ、メンバー、家族など十名以上が参加してくれた。そこで①いままでの苦労のプロフィールの整理　②自己病名を考える　③涙の役割　④涙のメカニズムの検討、の順序でミーティングをすすめた。

四、研究の目的

場違いな場面で、感情とは無関係に出てくる〝よしめぐ〟の涙は、結構やっかいな代物である。その場面に居合わせた相手と自分を同時に困惑させて目的の達成を困難にさせる。現実に、一番困っているのがいまやっているパン屋さんでのアルバイトである。何かを頼まれるたびに、涙が出てきてしまう。

「どうして泣いているの」と聞かれても、自分で説明がつかない。「涙が出てくる」からといって、決して「泣いている」わけではない。だから、いつもお世話になっている人たちに、ちゃんと自分の言葉で説明できるようになるために研究したいと思った。

五、〝よしめぐ〟のエピソードの比較調査

まず、口ぐせの「自分は浦河に来てからも何にも成長していないし、まわりに迷惑をかけっぱなしで……」という発言の根拠を点検する作業をおこなった。そのために、十五歳で浦河に来た直後のエピソードと最近のエピソードを比較する作業をおこなった。それを表したのが、表1である。

エピソード	15歳	20歳
リストカット	○	×
多量服薬	○	×
解離症状	○	×
引きこもり	○	×
物品破壊	○	×
過食・拒食	○	△
親への反発	○	×
家出	○	×
不眠	○	○
涙腺ゆるみ症状	○	◎
すいません発作	○	△

表1　涙のエピソード

このようにまとめて見ると、リストカットなどの目に見えるエピソードが大幅に減って、見えにくいエピソードに変わり「涙腺ゆるみ症状」が際立ってきていることがわかった。

その結果から「何にも成長していないし、まわりに迷惑をかけっぱなし……」という理解には、根拠がないことが明らかになると同時に、「涙」の研究の必要性をあらためて感じることができた。

六、「涙」の役割とサイクル

まず、涙の研究の本題に入る前に、参加者で涙の果たす役割の再確認の作業をおこなった。参加者から思いつくままにあげてもらったのが、表2にまとめた「涙の役割」である。この作業を通じて、厄介な涙の役割を再確認できた。

そして、次に取り組んだのは、〝よしめぐ〟の「涙のサイクル」の解明である（図＝次頁）。このサイクルの解明は、河崎寛くんが取り組んだ「爆発の研究」以来、同じパターンでくり返されるタイプの苦労のメカニズムを明らかにするために不可欠の作業である。

この作業は、場面とこころの〝お客さん〟の関係、そこでおきる身体反応と〝よしめぐ〟の対応、さらには周囲の反応などを順序よく時間をおって整理したものである。この整理を通じて、「涙のサイクル」の循環における〝よしめぐ〟の苦労がよくわかった。

七、研究の成果

今回研究に取り組んで見えてきたことは、涙のサイクルが整理でき

• ストレスの放出
• 眼の保護
• 汚れを落とす
• 感情の表現
• 相手が心配する
• 人が遠ざかる
• 人からガードする
• 周りが黙る

表2　涙の役割

たことである。涙のサイクルが整理できたことで、説明しにくかった涙の意味が自分でも理解できたことと、周りに伝えやすくなったことである。これが明らかになることで、どの場面で、どんな対処をすべきかという方法も今後明らかになってくるような気がする。

八、まとめ

人一倍いかに自分が傷つかないかということのために自分が身につけてきた生きかた、感じかたの方法が、いまになって、自分を苦しめる生きづらさとなっている。その意味で、「涙」というのは、自分を守るための過剰なセンサーの一つだと思う。しかし、いまは、あまりそれに頼らない新たな方法を探さなくてはいけないと思いながら、逆に、「泣かない」という現実が想像できない自分もいる。それは、「回復」に対する恐怖と躊躇に近いもので、どうしても「生きていこう」とか「生きていていいんだ」という思いが自分の中から出てこないもどかしさを、いまもかかえている。

そんななかで手伝ってもらって当事者研究をした結果、年々涙の量が増え続けていること、いままでの心のごみ箱整理がまだ必要なこと、実は涙を流している自分が一番涙を苦手としていたことに気がついた。

「どうにも止まらない涙の研究」

「涙のサイクル」循環図

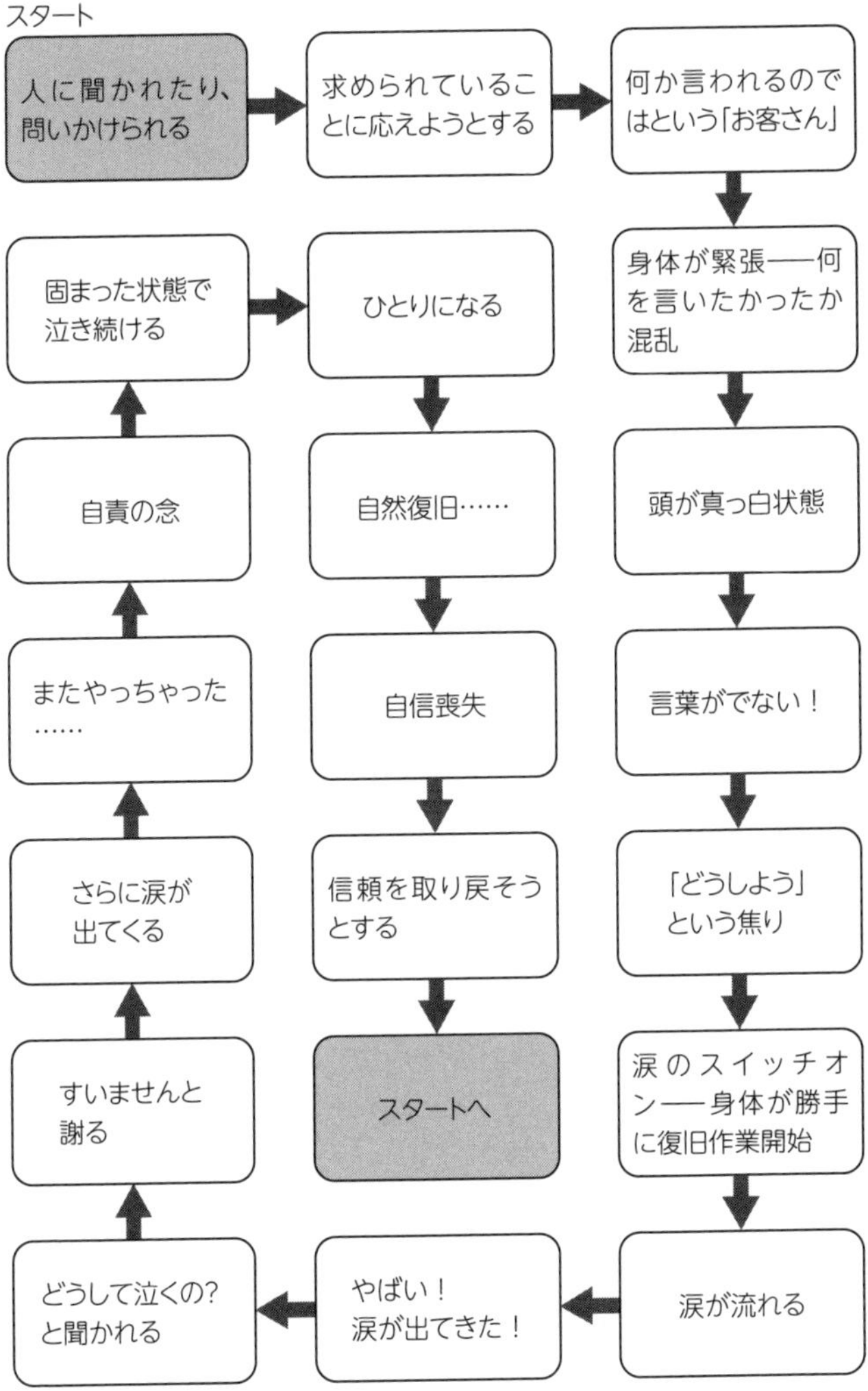

考えてみると、昔から泣き続ける母を慰めながら、一方「強くなれ！」という父の間で、泣くことは弱いこと、人は強くなきゃいけないという暗黙のルールを感じながら毎日を過ごしてきた。そして、意味もわからないまま「強い人」をめざしてずっと必死だった。強くなれば、どうしようもない自分も、崩壊しそうな家もなんとかなるんじゃないか、自分も生きてる意味があるんじゃないかと思っていた。

でも、年々見えてくる自分の弱さ、汚さ、「大人」に対する不信と周りの状況もひどくなって、どうにもならない気持ちに押しつぶされそうだった。自分のことが本当に嫌でそばにいてくれる人も信じられなかったから、涙と死にたい気持ちが、家族の話を聞くのに必死で崩壊しそうだった私を支えてくれる、唯一の味方だったんだと思う。

第三部　苦労や悩みが人をつなげる

座談会「当事者研究の可能性」

インタビュアー　向谷地生良
参加者　斉藤優紀　千葉大介　伊藤知之　秋山里子　吉田めぐみ
　早坂潔　島貫慎之　西坂自然

向谷地　今日は「当事者研究の可能性」ということで、皆さんにお話を伺いたいと思います。今日は、浦河と札幌で当事者研究に取り組んでいる皆さんに来ていただきました。それでは、まずは、「自己病名」や研究中のテーマを含めた自己紹介をお願いします。最近の苦労も歓迎します。

秋山　秋山里子です。べてるでスタッフをしています。自己病名は「人間アレルギー症候群」で、いわゆる虐待タイプでした。最近の苦労は、自分のマイナス思考があまりに強くて、それに拉致されそうになり、体が動かなくなって、いろいろなことを全部断ろうと思っていたんですけ

ど、何とか自分の世界から抜け出して今日ここに来れました。よろしくお願いします。（拍手）

伊藤　「全力疾走依存慌てるタイプ」の伊藤知之といいます。ソーシャルワーカーで、統合失調症をもちながらべてるでスタッフとして働いています。最近のテーマは、とにかく、いっぱいいっぱいになって慌てることが起こっているのですけど、完全にオフになって早く寝るということで何とかやっています。以上です。（拍手）

島貫　島貫慎之です。何を言うんでしたっけ？　最近の苦労ね。最近、僕ちょっと、サービス精神旺盛なんですよ。それで、いろんな男性の仲間とかに下ネタメールを送っていたんですね。ちょっと一息ブレイクタイムにと思って下ネタメールを送ったら、怒られて、一日やる気がなくなりました。（笑）

斉藤　斉藤優紀です。自己病名は「全力疾走イライラ誤作動口爆発タイプ」です。最近の苦労は、私も口爆発タイプなんですけれど、職場でも毎日必ず誰かが爆発するような感じがあって、最近ストレスで食べ過ぎて、肝臓が脂肪肝になりかけているって漢方の先生に言われてます。本当に健康管理やばいなと思いつつチョコレートを食べている自分がいます。今日はよろしくお願いします。（拍手）

千葉　千葉大介です。自己病名は「自己表現失調症おせっかい暴れるようなタイプ」です。子ど

もがえりの専門家でもあります。（笑、拍手）

早坂　こんばんは。名前は早坂潔です。自己病名は「精神バラバラ状態」です。べてるに関わって三十年になります。最近の苦労というか、自分とのつきあいの中で、以前は病気ばっかりやってたんですけども、最近は病気が休んでいて、自分を見つめれるようになったり、人を信用できたり、べてるにも行けたりして、べてるのことが好きになりつつあります。（笑）

向谷地　三十年かかってる？（笑）。

早坂　やっとの思いで、いま、前向いて歩いています。よろしくお願いします。（拍手）

向谷地　では、早速、はじめたいと思います。今日は、自分にとって当事者研究をこんな風に考えている、こんなふうに役になっている、感じている、というようなことをぜひ皆さんに出していただきたいのですけど、一人ひとりきっと違うかもしれないし、違っていいと思います。当事者研究とは自分にとってこんなものだなというのをぜひ。どなたか口火を切っていただけると。

千葉　僕の場合は、常にドンと発見をするというよりも、毎日毎日、日々研究みたいな、一日あったら今日の研究をするとか、そういう感じですね。最初のころは病気全開で、まずこの大きい問題をどうしようというのがあったんですけど、いまはもう日常になって、一回一回小さい壁にぶつかると、研究してみよう、研究してみようみたいになっているので、研究することが日常になって、時々離れたくなっても、何で離れたくなってんだろうって、研究しちゃう自分がいて……。（笑）

斉藤　当事者研究したくなる研究みたいな。

千葉　そう。さっきの潔さんの三十年じゃないけど、何か嫌いになって、好きになれなくなったりするときもあるんだけど、気づいたら研究してるみたいな感じです。あ、トップバッターにふさわしくなかったね。（笑）

向谷地　そういう意味では当事者研究が、生活の一部みたいになっている感じだね。

千葉　はい。そうです。切り離したいですけど。僕の最終目標は当事者研究とは縁を切るっていう。（笑）

斉藤　ひどい！　何で？（会場笑）

向谷地　切るための研究みたいな？

千葉　それをしたいんですけど、いつまで経っても研究しちゃう俺、みたいな。中毒です、中毒。

一同　中毒⁉（笑）

向谷地　はい、次は潔さん、自分にとって当事者研究とは？

早坂　僕にとって当事者研究は、もう十年くらい前に、いろいろなことを起こしては悩んで、苦しんでいて、そうやってもがいていたら向谷地さんから「一緒に研究しないか」ということで、はじめたのがきっかけだね。僕は女性好きで、変な電話やって、頭おかしくなって入院したんだけど、その入院する前に、向谷地さんと当事者研究やったんですよね。「ぱぴぷぺぽレベル」とか、どのぐらいのレベルになったときに入院するかとか、レベル1から7ぐらいの内、3ぐらいまではよくて、5、6、7ぐらいになったら入院というふうな当事者研究をやったんだけど、何か起これば、向谷地さんは僕に声をかけて、自分を車に例えたり、ガソリンはどのぐらいもつのか、そういう意味では当時は、「交通事故」やってたけど、いまはやっと走れるようになったね。

三十年以上かかったんだけどね。僕の場合は、パピプペポになる前に「父さん、ありがとう」っていうおまじないを考えたんだよね。何か起きたときに、おっかねえというふうになる時は、やっぱり父さんを、いま、天国に行っていないんですけど、思い出して顔が映るわけですよ。

調子が悪くなると、向谷地さんの顔がでかくなったり、父さんの顔が映ったりして震えてたんだけど、「潔さん、父さん、ありがとうっていう練習してみないか」って言って、だんだん、胸に手を当てて、そしたら静かになって寝れるようになったんだけど、それで、そう言ってやってると、今度、目の前に自分の顔が映ってくるんですよね。自分の顔が真正面に写真のように映ってくるんで、この早坂潔の自分をどうするかというのをもがいていたんですよね。そのときに自分はどうしていいのかわからないから、「ああ、これは病気の自分をかまってやることかな」って、いまは思うんだけれど、そのときは何も思えなかったんですよね。

僕は月曜日にべてるで当事者研究に参加してるんだけど、べてるのみんなは元気がいいんですよね。自分に起きてる問題とかをちゃんと元気にしゃべるというか、僕は元気は元気なんだけど、あっちこっちに飛んでしまって、言葉が一つにならなくて、あっちこっち言ってバラバラ状態になるんですよね。だけど、みんなはちゃんとこれに焦点合わせて言ってるから、話を聞くようになれるようになりました。何かわかんないか?

向谷地　ようわかった。(笑)

それでは、島貫さんにとって当事者研究とは。

島貫　当事者研究は、もう自分の「肉」となり「骨」となっていると思います。研究を始めてからもう何年もかかったんで。研究の成果なんかは本とかいろいろなものにまとまっているんですけども、最近、忙しくて、本当に研究なんかいいや、みたいな感じで思ったことがあって、家へ帰ってただ寝るだけという日々が続いたんですけど、それでも研究をしている視点をもって見たら何かわかってきたような気がするんですよね。

そういうものになるときに何が起こってるのかというのが、もう完全にシャットダウンしてしまうときには、そういうときにはやはり体が疲れてるのではなくて、何か、何か心の中にたりないものがあるのかなとか思いました。そんな感じで、やはりこういう場に出てくると元気をもらったりもしますし、やはりみんなとつながりたいな、と思っていることはあります。

向谷地 ありがとうございました。斉藤さん、自分にとって当事者研究とは。

斉藤 私は、苦労のパターンがよくわからなかったですね、最初。自分のことなのに、自分の苦労のパターンって何だろうと思って、当事者研究をはじめてみたときに、たった四行で終わるんですよね、苦労のパターンが。同じく四行で終わって、それのくり返しがすごくて、どうしようもなくなったときに、当事者研究やってる仲間がいたから、その仲間にそのまんまもう丸投げしたんですよね、もう「私、これが苦労のパターンで、これからもう抜け出せない」みたいな感じでしたね。

そうしたら、みんなが「あ、そういうふうになってるんだ」っていう〝からくり〟をわかってくれて、そこから、すごいいろいろなアイデアとか、工夫とか、教えてもらって、自分にできそうなのはどれかとか、そういうふうに選択肢の幅が広がって、病気であって、前まではリストカットすごかったんですけど、それも自然に止まりました。そういうのもみんな仲間から情報を得たりとか、自分で試してみたりとかして、つながっていく感はすごくあるのがわかって、人の話を聞いてても、あ、こういうことって自分にもあるよなとか、共感性があったりとか、全く自分と同じ現象をしてるのに、たとえば腕を切ってて、私は痛くなかったの、別にリストカットをしていても痛いっていう気持ちはなかったんだけど、ある人に聞いたら「いや、私は痛いよ」って言ってて、それはすごいびっくりしました。人によって、同じことをやってるんだけど痛さはなかったり、あったりとか、そういうのは自然とその当事者研究をやって話したりとかしてたら、いろいろなパターンがあるんだというのを知って、「ああ、病気でも順調でいいな」みたいな感じでつながれたのかな、というのはあります。

向谷地　仲間から情報をもらう手段、つながる手段なんですね。

斉藤　ええ、そうですね。

向谷地　あと、いかがですか、当事者研究とは。西坂さん、どうですか。

西坂　私は、当事者研究を始める前は、辛いとか寂しい、悲しいとかの言葉がなかったんですけど、研究をしだしてから、みんなからたくさんの言葉を教えてもらうし、教えてもらったら、三種類ぐらいだった苦労を小分けできるようになった気がしますね。家族とうまくつきあえないとか、仕事ができないとか、友だちが作りたいのにうまく作れないというふうな小分けされてきて、その一個一個が自分に対処しきれない苦労もあるけど、自分の力でちゃんと対処できる苦労とかあるんだっていうのがわかってきて、自分で自分の荷物は背負えない、それまでずっとそう思ってたんですけど、自分で自分の人生をちゃんと自分でもてる力はあるらしいっていうのを、そのときに気がついた感じがあります。

それで、自信がちょっと出てきたのと、あと、すごい覚えているのは、最初の当事者研究で、こんな苦労していると言ったときに、みんなが一緒に考えてくれて、そのときに、何か解決したわけじゃないんだけど、すごい温かい感じっていうか、みんなが無償で、別に何もお金をかけるわけでも何もないのに、そのときの苦労を一所懸命一緒にみんなで考えてくれて、自分の経験はこうだったとか、こういうこと聞いたことあるとか、こうやってみたらいいんじゃないとか、いろんなことを一緒に考えてもらったときに、自転車で一人で帰ったときに、あったかい感じがあって、そのあったかい感じがすごい、いまでも記憶に残っています。そういった意味では、当事者研究は、自分の苦労がマイナスからプラスに変わるのと、苦労でつながれるという経験かな。

向谷地　吉田めぐみさんはどうですか？　自分にとっての当事者研究。

吉田　そうですね、当事者研究に出合うまでは、そもそも自分の気持ちとか、言葉、うまく話せなくて、常にずっと泣いていたり、いつも苦しくて、どこにいても何か居場所がなくて、あと、みんなから見ても、訳がわからないような感じだったんですけど、みんなの研究を聞いたり、いろいろな言葉を聞くなかで、自分にもいろんな気持ちがあることがわかってきたり、言葉を覚える機会が増えて、私にとっては言葉を覚える、取り戻す、言葉を取り戻す作業みたいな感じだった気がします。

日々、毎日、普通に生きてるだけで、いろんなことがあって、自分は、自分っていう人間に適応するのが一番難しくて、ほかの人が普通にできることができなかったり、毎日いろんな場面でいろんな〝お客さん〟とか、最近は心のシャッターがものすごく閉まって苦労してるんですけど、そういうとき、実験とか、やはり練習だと思ってやってます。昔だったら、自分だけがくだらない苦労をしていて、失敗ばっかりしてだめだと思ってたけど、当事者研究やると、失敗するのが、失敗は怖いんだけど、失敗しても実験だからいっかっていうか、よくはないんだけど、何て言うんだろう。失敗はただの悪いものじゃなくなるっていうか。（笑）

それで私は失敗は、たくさんしたほうがいいんだって日々自分に言い聞かせて、いまも毎日生活してるんですけど。だから、少し踏み出す勇気はもらえる感じがしてます。

向谷地 ありがとうございました。「自分にとっての当事者研究」も、いろいろな切り口があることがわかりました。それでは、次に、人に当事者研究を説明するとき、どんなふうに説明しますか。

島貫 当事者研究は、研究をしようとした時点で少し楽になっているような気がします。自分のことをちょっと上から眺めるみたいな感じでやっていくと、解決はされなくても少し自分のことを客観的に見えて楽になってるような気がします。

一同 うん、うん、そうだね

斉藤 当事者研究すると、現実に何が起こってるのかがちゃんとわかる気がするんですよね。しんどいときって、あいつのせいで私の人生はめちゃくちゃだみたいな、すべて台無しだ、みたいな。何かその自分のしんどい世界に入るんですけど、何か現実が見えて、ご飯食べてなくておなかすいてる自分がいたとか、そこで誤作動入った自分がいたとか何かわかる感じがする。一人ぼっちの病気の世界から抜け出す気がする。

自分のことがわかるようになってきたときに、初めてお医者さんに自分の意図が伝わったというか、伝わった感がすごいあった。

向谷地　なるほどね。

西坂　何かやっぱり、もし研究がなかったら、自分を変に見つめすぎちゃって、結構病気の世界にどっぷりと浸かってしまいそうなことになってるかなと思うんだけど。それに対して研究すると、現実にちょっと一歩足を踏み入れる感じがするし、言葉にする作業だと思うんです。ちょっと遠くから眺める感じになれるかな、なんていう気がしています。

役に立ってるのは、何か失敗しても大丈夫、さっき吉田さんが言ってたけど、失敗しても大丈夫という感覚がすごく強くなってくるのと、失敗したときもこれは何かに使える材料を一個手に入れたっていう、一個だけじゃないと思うけど、いろんな材料を手に入れたっていう気持ちになれる。だから、失敗がただの失敗で終わらなくなるということがすごくいいのと、自分の内側にいると本当に何が起きているかわかんなくて、行き詰まりとかが、もう死ぬしかないとか、思わなくなるとか、それしか思い浮かばないんだけど「研究している」と思うと、外から自分を見ているような感じで、さっき島貫さんも言ってたみたいに、一気に楽になるというか、そういえばいつものパターンだな、たとえばこういうパターンって、前、誰々も起きるってよく言ってなとかというふうに、冷静になれたりとか、それをネタにして笑えたりとか、それを話して、人とつながれたりとかして、あ、それは私もあるあるみたいな感じで、それで笑いを受けるから、悲壮感が取れる気がする。

向谷地　はい、千葉君。

千葉　役に立ってることは、僕は挫折が多いんで、すぐ挫折するんで、そのたびに研究して前に進んだり、あと、ちょっと重なるんですけども人とのつながりがもてたり、役に立っている気がする。僕は自己表現失調症っていう苦労をずっとかかえてるので、少しずつ少しずつ自分を表現できるようになったりしていったのと、役に立ってること……当事者研究のおかげで、役に立ってること、何だろう……、当事者研究がなくなったことを考えるとぞっとするんで、あんまり考えたくない。

向谷地「当事者研究がなくなったことを考えるとぞっとする」、これは名言だね。ちょっと、使わせてね。(笑)

千葉　八年も関わって、二〇代とか三〇代前半の一番いい時期を当事者研究に捧げちゃったので。本当だよ。もし、当事者研究に出合っていなかったら、どんなにかろくでもない人間になってたと思う。多分いまごろ、当事者研究してなかったら痴漢かなんかで捕まってる。すいません、めっちゃ、話それました。(笑)

向谷地　そういう意味じゃあ、当事者研究やって、使用前、使用後みたいな、そういう変化で見たときに、どうですかね、自分で感じる変化は？

斉藤　私は当事者研究をして、自分の母親と出会い直しができたなっていうのがありますね。当事者研究を始める前は、すべてはお母さんのせいだと思っていて、私の苦労は全部あいつが愛してくれなかったからだみたいなのがすごいあったんですけど、当事者研究始めてからは、自分の苦労も見えたし、うちのお母さんも、最初は「私は研究なんかしない」とか言って泣いてたんですけど、ある日、いきなり自己病名をつけて、自分も研究を始めたら、研究仲間としてだったら出会えるみたいなところがあって。

すごい、母親からアレルギーがすごい出てるんですけど、でも研究してるお母さんの苦労も私の苦労とちょっと似てるよねみたいなところで、もう一回親子として出会えたみたいなのがありますね。

当事者研究を始める前は、あたりまえのことがわかんなかったっていうか、何かわかんないけどリストカットをし続けちゃう自分がいて、すごいつらくて、つらくて、つらさに苛まれていると、さっきもみんなが言ってたように、現実がわかんないんですよね。あたりまえのこととかがわかんなくて、病気の世界にのめり込まれて、家族なのに、本当にあいつの葬式にだけは絶対に行かないとか、認知症になったときは絶対に面倒を見てやらないとか、そういうこととかをひたすら考え続ける毎日だったのが、何でそんなこと考えてたんだろうって。

気づき始めると、あと、やっぱり、そうだな、当事者研究やる前は、私がリストカットしても、お母さんもどうしたらいいかわかんないし、どうしたらいいかわかんなくて、多分黙ってるだけなのに、私は「汚いものを見るような目で見られた」とか、そういうふうに本当に感じて「結局、この人は何も言わないってことは、私のことなんか嫌いなんだ」みたいなふうになってたんですけど、研究をして、お母さんも私のことをわかってくると、何か同じリストカットをしたときとかも違うし、私はお母さんを困らせようとしてしているわけじゃなくて、もう本当、自分のコントロールを超えた何かによってしてるわけで、本当にどうしようもないんだ。どうしようもないから、何かおいしいものでも食べて、二人で笑うしかない、みたいなふうになったんですよね。

何か苦労をキャラクターみたいに外在化して、客体みたいにしたら、こうやって向き合うんじゃなくて、これが来ててもう仕方ないから、私たちは力を合わせてじゃないけれども、しようがないから一緒にご飯食べて笑おうみたいになった。

向谷地　斉藤さんの親子関係の研究は、それだけでりっぱなセッションになる感じで本当に深いですね。スペシャルバージョンで一度やりたいですね。（笑）

ありがとうございました。そういう当事者研究ですけど、当事者研究は一つの研究するというスタイルをとった活動、取り組みだと思うんですけど、その当事者研究の進め方については、皆さんはどうしていますか？　たとえば毎日ノートに書くとかね、手帳を使うとか。

伊藤　あんまり書いたりすることはしないですけど、自分の頭の横に「研究しよう」という意識をもって、日々自分を捉えていると思います。

向谷地　そうなんですね。他の人はいかがでしょう。

千葉　僕も伊藤さんと近い感じかな。どっちかっていうと、こう書いてどうこうするとかっていうよりも、たまに協力してもらうんですけど、何か割と自分の中で常に研究しようって思って実践なり実験なりしてみて、また研究してみたいのを頭の中で繰り返しているみたいな、まあまあ、皆さん仲間には協力してもらうんですけど。

向谷地　ありがとうございます。西坂さんはどうですか。

西坂　私は、メールでとにかく書き出すんですよね。いろんな知ってる人とか、事情をわかってる人とか、もしかしたら何かこの苦労は伝わるんじゃないかって思う人に、メールをとにかくざーって書き始めるんですよ、何でもいいから。そうしてるうちに、自分の心がわかってきたりとか、相手に返してもらった一言で、こういう苦労が起きていたんだっていうことがまとまってきたりとか、それを二通も三通も。定期的に何かが起きたら、ともかくメールで、まとまってないかもしれないけどおくりますね。それで後からまとまってきたりとか、後から発見があったりとか、相手からあったリアクションで気がついたりとかっていうのは多いです。あとは、みんなの研究を見てて、実際に自分は同じだ、自分、みんなのをこうやって聞いて談笑してるうちに、あ、同じだっていう気づきがすることもあるし、みんなから教えてもらうことがすごく多いです。

向谷地　斉藤さんの研究スタイルは。

斉藤　研究スタイルは、私は書くことが好きで、得意だっていうのもあって、ノートにびっしりイラストとか、日時があって、わーって書くんですけど、あと、研究結果とか、自分はこんな研究をしますよっていう、これからする研究の宣伝のメールを、仲間に送るみたいな感じですね。

早坂　それと、当事者研究は、楽しくないとだめだよな。楽しくないと。辛いとか、切ないとか、やればやるほど苦しくなってくる。それを突き詰めていくと、体の反応がくるんだよな、震えとかな。

向谷地　ということは、基本的に当事者研究をやってるときっていうのは、楽しさとか、興味とか、おもしろさとか、感動だとか、そういう探究心だとか、そういうもので回ってる感じかな。

それでは、次は当事者研究のちょっと難しいところ、苦労するところはありますか?

西坂　一人でやると、一人で見つめすぎたら、私はすごい苦しくなるけど、みんなでやるというか、何人かでだったら、まだ違う、いろんなほうに展開ができたりするから、一人で何だかそのことを考え続けると苦しくなると思う。

斉藤　私は理念みたいなのがちゃんと自分に染み込んでないときに、ひたすら問題を解決するための当事者研究とか、自分を無理させる研究みたいなのになっちゃったことがあって、何を研究するかのところで、結局、自分を大事にしないと、何か変になって苦しくなりましたね。

向谷地　それでは、当事者研究を続けるコツはどうですか?

秋山　そのましゃべるとか、そのまま相手に伝えるとか、そのままそういうところには気をつけていると、全部その苦労には意味があるっていうのを意識することができて、苦労には意味があるっていうのをわかることかな。自分の苦労が絶対に世界の人に役に立つというのを、根拠はないんだけれども、絶対これと同じことで困ってる人がどっかにいるはずだし、それは自分だけの苦労じゃないと思うし、それって、多分この見える世界だけじゃなくて、自分の見えないずっと世界の果てまで伝わるっていう、つながってる感覚、何かいま、生きてない人にもつながるし、いま、交流がない人にもつながれる可能性があるっていうのを常に意識していると、盛り上がってくるっていうか、エンジンがかかる気がする。

向谷地　おもしろいね。有意味感、つながり感が大事なんですね。

千葉　僕は、人間関係と研究をごっちゃにしないっていう感じかな。いま、誰か嫌いだとかなったときに、「もう離れたい」とか思うんだけど、そういうときに、研究と、そういうこの人が苦手っていうのをちゃんと分けて、自分の研究は自分の研究としておろそかにしないでやらないと、もう全部放棄しちゃって、人とのつながりもなくなっちゃって、ぐちゃぐちゃになっちゃう気がする。

早坂　あ、俺、わかるわ。

島貫　潔さんに助かったのがね、みんなそうだけどさ。共感とかあんまりしてくれないとこは助かるんだよね。俺、やっぱり、あまり、重くしてくれないところがいいね。よく、何かもらい泣きみたいな勢いで共感してくれる人っているでしょ、あれ結構辛いわ。

向谷地　それも、おもしろいね。あと、気をつけているところは？

斉藤　当事者研究を知らない人たちと当事者研究をするときに、時々起きるのが「アドバイスという名の説教」になるときがあって、伝えるときに「よかった点」と「さらによくする点」みたいな伝え方じゃないと、何か苦しい場になるんですよね。怒られる場所っていうか。

向谷地　アドバイスという名の説教にのめり込む人がたまにいますよね。それは、どう考えたらいいと思いますか？　当事者研究のルールみたいなものをつくって、最初に読み上げてスタートしたほうがいいとか。

斉藤　ルールをつくっちゃうと、やっぱり当事者研究が違うものになる気がして、私はルールつくらないように工夫してたんですけど、そういうルールとかとは違って、やはり何が起こってもいいし、そこで爆発する人がいてもいいし、けんかしてもいいし、禁止事項をつくらないみたいなのがきっと大事なんだろうなって、何となく思っています。だから、試行錯誤をしながら当事者研究をしていました。

向谷地　そういう意味では、当事者研究の中には、その場を仕切るルールだとか、規則だとか、そういうものを持ち込まない方がいいということかな？

斉藤　ルールだとか規則は、必要だったら持ち込んでもいいと思うんですけど、その場が安心できる場であったら、どういうふうでもいいと思うんですよ。もうきっちり真面目な当事者研究がなじむ場だったら、一人の発言は何分以内でみたいなのでも。

向谷地　その意味では、規則というよりも、時と場合によっては工夫が必要ということでしょうか。

ところで、ある病院で、当事者研究を取り入れたいと考えてる病院があって、当事者研究のことを紹介したら、いままで知らなかった自分が見えてきて辛くなるんじゃないですかって質問されたんですけど、皆さんはどうしていますか。

斉藤 自分も、やさしくない自分に気づくんですけど、やさしくない自分が私はものすごく好きだし、必要だったんですよ、私には。誰にでもやさしくしなきゃと思うから、自分はずっとずっと苦しかったんですけど、ああ、意外とそんなことなかった、みたいな。

島貫 僕、みんなの話を聞いて、何となく、あるあると思ったのは、さっき向谷地さんが有意味感とか言ったでしょ。僕たちは、生の苦労ってさ、あんまり手応え感じないんだよね、麻痺してるから。

苦労がずっと麻痺してるから、またかみたいな感じで、その〝本物の苦労〟みたいなことはあんまり経験がないから、入ってきてほしいんだと思う。そうしたら、あわよくば、その生の苦労も、何か意味があることなんじゃないのかと思いたくなる。

向谷地 それは、大事なところだね。

島貫 せっかく苦労してんだから、いっぱい苦労をしたほうがいい、一発逆転じゃないけど、極端に言っちゃったら、もっと人間として中身が濃くなれるんじゃないかみたいな、そうじゃないとやってられないんだ、やっぱり現実の生の苦労はしんどすぎて、次から次へとやってくるから。

千葉　島貫さんに僕がいまでも感謝してるのは、当事者研究を始めたときに、自然さんとか、島貫さんとか、向谷地さんがいて、いい〝錯覚〟をさせてくれたような気がするわけね。すっごい重いテーマで、自分のなかじゃ、もう死ぬか生きるかとかだったんだけど、軽く思えたんですよね、やったときに。重々しく感じなくできたっていうか、つらく感じなくやらしてくれて、有意味感の一歩として、いい意味で変な錯覚をさせてくれたんですよ、何か。それで、すごい、いまだに感謝していて。

向谷地　いや、わかりますよ。

斉藤　思ったんですけど、私は当事者研究とかをやる前は、ずっと自分の中にパンドラの箱みたいのがあると思ってて、そのふたを開けると死ぬんだけど、夜遅くとか一人でご飯を食べてるときとかになると勝手に開いちゃって、それで自分がわーっと苦しくなるみたいな感じだったんですけど、当事者研究をして、自分のことを話してるのにそれが開かないのは何でかなと思ったら、当事者研究で扱ってることっていまの現実であって、あと、分析をしてないっていいうことかな。みんなが自分の経験を語っていくからこそ、あんまり分析的にならないし、誰か一人の人の責任みたいにならないし、パンドラの箱をみんなは見ないんですよ。パンドラの箱を見るわけじゃなくて、そこにちょっと〝おはぎ〟を置いていくとか、みたいなのが当事者研究だと思っていて、何というかな、病理の研究では決してないような気がしますね。

向谷地　そうか。このへんは、特に専門家が心配するところだけど、「蓋をあける」というよりも、箱を揺してみたらカラカラという音がしたとか、箱も使いようによっては、座れるし踏台にもなるよね、みたいな感じでワイワイやるイメージでしょうか。

斉藤　そうそう。

向谷地　それでは、長時間にわたってありがとうございました。このまま朝まで生テレビやっても結構いきそうな感じするんですけど、おもしろかったですね。これもっとやりたいぐらいの感じなんですけど、また、やりましょうね。

一同　（拍手）

対談「安心して絶望できる人生」

吉田知那美（カーリング選手、二〇一八年平昌オリンピック銅メダリスト）

向谷地生良

向谷地　今日は、お忙しい中、時間をとっていただいて本当にありがとうございます。まずは、このたびのオリンピックでの銅メダルおめでとうございます。

吉田　ありがとうございます。

向谷地　まずは、今回の対談のきっかけですが、カーリングについては、私は門外漢だったんですが、今年（二〇一八年）の平昌オリンピックで、ＬＳ北見の皆さんの手に汗をにぎる試合を拝見してすっかり魅了されて、しかも銅メダルを獲得、ということで盛り上がっていたところに、大学（北海道医療大学）の教え子で、常呂町出身（現在の北見市常呂町）の内田梓さん（札幌なかまの杜クリニック、ソーシャルワーカー）から、メールをいただいたんです。メールには、子どものころからご近所づきあいをしている吉田知那美選手のホームページに掲載されているプロフィール欄の「好きな言葉」に「安心して絶望できる人生」って書いてありまよ、という内容だったんです。まずは、それにびっくりしたのと、メールには前のチームから戦力外を通告されて大変だったころの吉田さんと、そんな吉田さんに「安心して絶望できる人生」というべてるの理念を言葉として贈った梓さんとのやり取りも紹介されていて、それで、私もさっそくホームページを拝見させていただいた次第です。

その話をべてるのみんなにしたら、〝ミスターべてる〟の早坂潔さんが、本気とも冗談ともつかない感じで「知那美ちゃんをべてるまつりに呼ぶべ！」と言い出して、それでダメもとで恐る恐る梓さんに相談した結果、べてるまつりへのご招待と、今回の対談が実現したということで、驚くやら何やらで、本当に感激してます。

吉田　こちらこそです。私も、あずちゃんからずっと話しは聞いていたんですけど、本当にありがとうございます。まさかこうやってお話しできるとは思っていなかったので感謝です。

向谷地　ところで、オリンピックが終わってから、本当に忙しいんじゃないですか。ニュースや他の番組でも、時々、拝見しています。

吉田　ほんとにオリンピックから帰ってきて一番変わったのはこういう環境です。でもいまは楽しんでます。

向谷地　こういう忙しさの中で、カーリング選手としてのモチベーションを維持していくというのは、素人目に大変難しそうな感じがしますが、どのように工夫なさってるんですか？

吉田　ちょうどオリンピックから帰国した後に、カーリングだけをしたかったんですけど、環境の変化がどうしても受け入れられなくて。

でも、いまはもう変わってしまった環境は元には戻らないってわかっているので、変わった環境のなかで、前よりも集中して競技をしていける方法がきっとあると思うので、それを試行錯誤しながら、カーリングの普及と競技との両立というのを考えていきたいですね。

向谷地　そうなんですね。そんな変化も前向きに考えて試行錯誤を重ねる、まさしく「当事者研究」ですね。

それでは、さっそく今日の本題に入りたいと思いますけど、まずは吉田さんが「安心して絶望できる人生」と出合うまでのエピソードを伺いたいと思います。

吉田　そうだったんですね。あははは。（笑い）

向谷地　まずは、きっかけになった梓さんと同じ町の出身ということだと思うんですけど、いつ頃からのおつきあいなんですか。

吉田　それはもう、話すと長くなっちゃうんですけど、両親とあずちゃんのご両親がずっとふるい友人で、私が、生まれる前からのつき合いで、私も高校生のときにあずちゃんの実家の「しゃべりたい」っていう喫茶店でアルバイトもさせてもらって、あずちゃんのお父さん、マスターって呼んでたんですけど、何かあったらお店で相談にのってもらってました。(笑)

向谷地　そうなんですか。私も梓さんが学生時代にゼミ生と実家の喫茶店「しゃべりたい」に一度お邪魔したことがあるんですけど、懐かしいですね。

吉田　そうなんです。私もそういうのでも、いろんな縁だったり、つながりを感じますし、あずちゃんとは、高校も一緒なんですよね。

向谷地　なるほどね。ところで、カーリングはいつごろからはじめられたんですか?

吉田　私は、七歳のときからカーリングをしていて、カーリングだけを続けるのであれば、地元の高校に行けばよかったんですけど、その当時、カーリング選手っていう職業もなかったので、自分の人生に保険をかけるじゃないですけど、隣町の高校に行って、カーリング部はないんで個人的に競技を続けていました。

向谷地　そうだったんですね。高校に行きながら個人的にカーリングして、全国大会かなんかで高校生として頭角を表したという感じですか。

吉田　実は、中学生のときに全日本選手権に出て、中学二年のときにいまのチームメイトの本橋麻里さんがチーム青森でオリンピックに出て、帰国した直後の全日本選手権で戦って会ったことがあって、どちらかというと中学生のときに、ひとつ成長期があったんですけど、高校進学でチームメイトがバラバラになって、なかなか練習ができなくなって、どちらかというと高校のときから、よくいうスランプじゃないですけど、成績がでなくなって、カーリングをやめようか続けようか迷っていた時期でした。

向谷地　中学生で、全日本選手権に出場ってすごいですね。その、カーリングですが、見ていると腕力などの身体能力の高さばかりではなくて、見えにくい非常に繊細な部分が大事なような気がするんですが？

吉田　そうですね、最低限のパフォーマンスをするのに身体能力体力とかはもちろん必要なんですけど、一定以上まで上がってしまうと、トップ選手はみんなやっぱり、チームコミュニケーションやメンタルコントロールに焦点を当ててトレーニングしているチームが多いです。氷の上で戦っているので、三時間ぐらい試合のなかで、氷の状態が変わってきて、一度たりとも同じ状況ではないので、それはまるで生き物を相手にパフォーマンスをしていくような難しさがあるかなって思います。

向谷地　やはり、深いですね。生き物や自然を相手にするような感性と、それに自分を合わせていく対応力、そこに向けてチームをまとめ上げていくコミュニケーションを通じた調整力が大事になってくる非常に繊細なスポーツなんですね。

吉田　そうですね、カーリングは一見して、相手がいて戦うスポーツのように見えるんですけど、相手との接触がないんですね。だから、倒そうと思って倒せる相手ではないので、結局戦っているのは自分たち自身ですね。

向谷地　そうか。相手と戦っているわけではない。それぞれ、自分と戦ってるんですね。面白い！

吉田　実際、戦っているのは自分たち自身なはずなんですが、相手が氷に上がることによって、意識してしまったりだとか、動揺することがあって、うまくパフォーマンスができなくなるという、自分たちの自己コントロールが難しくて、そこが一番キーになるスポーツですね。

向谷地　なるほどね。そういう面では、私はソーシャルワーカーなんですけど、非常に似た世界かもしれないですね。いろいろな人の困りごとの相談にのったり、複雑で揺り動く人間関係の中で、人の安心や生きやすさを実現するワーカーの仕事も、行きつくところは、自分とのつきあいが結果を左右します。

吉田　私もあずちゃんからの話だったり、向谷地さんの本を読んで、ソーシャルワーカーという仕事の内容はちゃんとは理解できてはいないんですけど、私が深刻になってぜんぜん前向きに考えられてなくて、あずちゃんに話を聞いてもらった時に「順調に苦労してるね」って（笑）、「いい感じ、いい感じ」って話をしてくれて（笑）、私だけじゃなくて、家族を笑顔にしてくれましたね。

その時に「安心して絶望できる人生」っていうべてるのポストカードをあずちゃんがくれたんですよ。人間が笑顔で穴に落ちてるやつ！

あずちゃんは、ハイセンスないろんなものを提供してくれる。（笑い）

その辺のきっかけがあってから、以前はどれだけ認めてもらえるか、どれだけ人の評価にあった人間になれるかというところで考えていたんですけど、いまでは、まず相手に自分の気持ちを伝えて、相手の気持ちを汲み取って、それがパフォーマンスにつながる、競技とすごくつながるなと思っていて、それもあって、公式プロフィールに「安心して絶望できる人生」って勝手に使わせていただきました。（笑）

向谷地　そうでしたか、ソーシャルワーカーマインドが少しでもお役に立てて嬉しいです。ところで、いまの北見のチームに移る前に所属していたチームを辞めた後、失意の中で、二か月くらい旅に出たみたいなことが紹介されていましたけど。

吉田　放浪していた時期があって。（笑）

向谷地　そのときは、カーリングをやめるかどうか考えていたそれこそ瀬戸際だったんですか？

吉田　そうですね。どちらかというと、やめたいなという気持ちの方が強くてまず北海道にいると、私がいなくなったあとのチームが再出発しますみたいなのが聞こえてくるのが怖くて、とりあえず北海道から出たいと思って、一人で旅行に行ってたんです。

そのなかでもやめてなにしようっていうのをずっと考えていて、就職サイトでエントリーしたりとか。（笑）

ハローワークに通ったりとか、あははは。（笑）

いろんな活動やってみたんですけど、やっぱり人と会って、私のことを全然知らない人だったり、オリンピックは出ていたけど、なにがあったか知らない人たちにいろんな話をしていくなかで、少しずつ、「あー、もう一回競技に戻ってもいいのかな」って思いはじめて。（笑）

向谷地　そんなとき、梓さんから贈られた「安心して絶望できる人生」っていうこの不思議なフレーズを、吉田さんはどんなふうに受け取られたんですか。

吉田　私は本当にカーリングをやめようと思って放浪していた時期もそうですし、その後帰ってきてもう一度競技者になるって決めたんだから絶対に結果を残さないといけないっていう気持ちになっていたとき、自分はなんでこんなに焦っていて、苦しくて、悲しくて、こんな状態なのかわからなかったんですけど、「安心して絶望できる人生」というフレーズとあの絵がすごいしっくりきて、これだって思ったんです。

なんだろう、自分の感情があの絵ハガキひとつに、こうなりたいっていう表現があって、あれでなんかすっと胸に落ちて、過ごしていくなかで、このフレーズの取り方だったり、考えかただったり、ちょっとずつ勝手に変化をしていったような気がします。

やっぱり、いままでの人生、いつが一番前向きで、エネルギーがあって、自分らしくちゃんと自分のことを評価できて、自分のことが好きかなって考えたら、やっぱり四年前のオリンピックの後もですが、絶対に勝たないといけない試合に負けた後だったりとか、そういう絶望したり失望したりするタイミングの方が自分のことを好きでいられたような気がしますね。

なんかこれから失敗したらどうしようとか、こんなことが起こったらどうしようって考えると不安なんですけど、でもいままでの経験上、そういうことがあっても、その後には絶対いいことがあったので、そういう意味でも、絶望するようなことがあったとしても生きていけるだろうって、それぐらいの気持ちで過ごしている自分の方が好きだなって思って、ずっと好きな

言葉に使わせてもらっています。（笑）

向谷地　いやー、まさしく〝発見のプロセス〟ですね。ちゃんと「研究」してますすよね。

吉田　まだまだ、ぜんぜん。（笑）

向谷地　それと、オリンピックの後、たまたまテレビをつけたら、帰国されて、常呂町だったでしょうか、そこで、吉田さんがインタビューに応じて話されている場面をニュースで拝見したんですけど、「昔はこの町にいたら自分はダメになると思っていたんですけど、常呂町で生まれ育ったからこそ、いまの自分がいるってことがわかりました」というようなことを仰っているのを聞いて、吉田さんって言葉が素敵な方だなって思ったんですよ。

吉田　もう少しオブラートに包めばよかったかな、と。（笑）

向谷地　私が住んでいる北海道浦河町は、最近、特にJRも止まっているお蔭で交通の便も悪くなって、ますます過疎化に拍車がかかるんじゃないかって心配してるんですけど、病気や障がいをかかえた人たちがいろいろと苦労があっても元気で暮らせていることは、暮らしやすい土壌ができていると思ってるんですね。そんな街で三十五年前（一九八三年）に「お金を稼ごう」っていうノリでみんなで昆布の仕事をはじめたときに、大事にしたキャッチフレーズが「過疎も捨てたもんじゃない」だったんですね。それと吉田さんの言葉が重なって、すごく心に残りました。

吉田　私もまだべてるがある浦河町に伺ったことはないんですけど、本を読んだりして想像したり、イメージしたりするのは、本当に私たちのチームとも背景が似ているな、と思っています。みなさんもやっぱり社会で過ごすなかで、どうしても相容れないことがあって辛かったりだとかして、つながりや助けを求めて浦河に来て、いろんな人と出会うなかで生活をしてこられたと思うんです。私たちのロコソラーレっていうチームは、雑草集団って言われていて、やっぱりどちらかというと個性も強くて、いままでの人生の中で一度自分自身の評価もやめてしまったような五人が再出発の場所として選んで集まってきたのがこのチームなんです。

チームメイトの本橋麻里選手がずっと言っているのが、誰かの色に染まらないといけないチームじゃなくて、一人ひとりの個性や色を大切にしていくチームにしたいから、みんなそのままでいいよって言ってくれて。みんなどちらかというと負けたり、取り乱したり、勝てないのは自分が悪いから、自分が誰かのためになれない人間だからっていう感じでチームに入ってきたりするなかで、みんなこのチームに来て「当事者研究」のような形で、自分ってこんなような人間なんだ、このままでいていいんだっていうことが、このままでいることを許してくれるのがこのチームで、本橋麻里ちゃんの考えだったんです。

向谷地　べてるは、起業して三十五年が経つんですけど、〝自信の無さだけは自信がある〟という若者たちで創ってきたところですから、本当に重なりますね。ほとんど人に誉められた経験のない劣等感の塊のような若者たちが四十年近く、周りに叱られながら、失敗しながら、みんなで事業所とか会社を立ち上げながら、試行錯誤してきた歴史を思い出しました。

吉田　だから『安心して絶望できる人生』という本は「泣く本なの、それ」って周りの人に言われたんですけど、それを読んで笑いながら泣いてて。（笑）

スーパーハイセンスな生良さんの当事者研究、本を読みながらすごい笑ったり泣いたりしていました。

向谷地　ありがとうございます。あと、これは感想になりますけど、いままでのお話を伺っていて、司令塔みたいな人がいて、指示を出すやり方がいままでのカーリングのスタイルだとすると、苦労人が集まっているロコソラーレはそうではなくて、個性を大事にしていく、いうなれば「対話」を重視して、攻め方もみんなで決めているっていう感じがしたんですね。ソーシャルワーカーの仕事でも、私は「無力さ」ってことを大事にしてるんですけど、前向きに「無力」であるからチームでやっていけるし、いい意味でプレイヤーとしても「無力さ」っていうものを認めあっているから一人で頑張らないで、ああいう「対話」が生まれたり、試合ができるのかなって私も思ったんですね、すごく似てるなって思って。そのへんはいかがですか？

吉田　いや、本当に私たちもそれを大事にしていて、その「無力さ」っていうフレーズはいま聞いて「あっ」て思って、真似したいなって思ったんですけど。（笑）

誰かのチームではなくて、私たちが作り上げていくものだから、五人いて、五つのポジションがあって、一応キャプテンみたいなのはチーム上必要なので置いているんですけど、みんながみんな何かのリーダーをやっていて、氷の上でもそうなんですけど、プライベートでもお洗濯のリーダーとか（笑）、お金管理のリーダー（笑）、お料理リーダーとかそういう風に一人ひとりが何かのプロフェッショナルであり、何かのリーダーであり、全部一人でやろうとしないで、頼れるところは頼る。それぞれ氷の上でも、一人ひとりプロフェッショナルが助言をして、こっちの方面からの意見はどうですか、じゃあ速さの感じはどうですか、など、氷で起こっていることの一つひとつの現状に対して、リーダーを置くことによって四人の意見を出しあって、最終的に、じゃあこうしようかって決めていくので。

誰か一人で決めてしまうと、その一人が罪悪感で次のプレーができなくなってしまったり、全部責任を負ってしまって全然パフォーマンスができなくなってしまったりだとか、誰かを責める気持ちになってしまったり、そういうことを少なくしたいっていう気持ちで、全員が納得して決めた答えだよねっていう、その意思疎通のコミュニケーションが、今回ピンマイクで全部聞こえていたので、たぶん、なんか面白いって。（笑）

相手の話を最後まで聞いて、一度肯定するっていう、「そだねー」って。（笑）

向谷地　「そだねー」もそんな背景があったんですね。私は、ロコソラーレの「対話スタイル」が、今後広がりそうな気がしますね。

吉田　少しずつ変わってきていると思います。私たちも実は海外のチームのこういうところいいよねとか、いろんなチームのいいところを真似して、いまの形を作っていて、なので国内のチームもコミュニケーションというところをポイントにトレーニングをしているチームもあると聞きます。

向谷地　それを徹底しているわけですね。

吉田　そうですね。最初はこういうプレースタイルのチームがいなかったので、笑顔でプレーするとか、失敗してもいいよって言いあうだとかに対して、ヘラヘラしているとか、そんなんで勝てるわけないとか、否定的な言葉が多かったですけど、私一人だとすぐ心が折れちゃって続けられなかったと思うんですけど、いまのメンバーの五人といると、それでもやってみようっていう。それで続けてきた形が世界的にもこういうチームはあまりいないから、おもしろいねって言ってもらえるようになってきたのかもしれないって思っています。

向谷地　なるほどね。ちょっと話は変わりますけど、昨年、二〇二〇年のパラリンピックに向けた啓発事業の一環として、さまざまな障がい領域の人たちが集まって当事者研究をするイベントが東京大学であって私たちも参加したんですけど、興味深かったのが「アスリートの当事者研究」でしたね。

それは、オリンピックをめざして子どものころから、常に結果重視でトレーニングを重ねているうちに、いわゆる「アスリート症候群」になって、競技を離れた後、一種の不適応を起こしてしまって、子育てにも影響するというような話だったような気がします。

実は浦河に、スキーの直滑降の選手を子どもの時からしていた女性メンバーがいたんですけど、その彼女がある時から食べ吐きだとか、自傷行為が止まらなくなって、結局競技を続けられなくなってしまったんですね。彼女の当事者研究では、コンマ何秒の単位で評価されて、常にトップになることを期待されているなかで、心が折れていくプロセスが書かれていて、アスリートって大変だと思ったことがありますね。ちなみに彼女は、大量服薬だとか、家の液体洗剤まで飲んで救急車で病院に運ばれて胃洗浄もしてましたね。

あらあらと思って、退院した後、彼女に「もしかして飲んだ洗剤は〝トップ〟じゃないよ

ね」って言ったら本当に「トップ」でした。（笑）

吉田　あははは。心を表現しているかのようですね。（笑）

向谷地　本当にね。その意味では、アスリートの人たちというか、競技生活をしている人たちというのは、吉田さんもおっしゃってましたけど、常に自分が評価される、結果を出さないと自己否定という、そういう悪循環のなかでみんな心身のバランスを崩していくっていう人たちもいるなかで、まさに吉田さんのお話は、当事者研究としても非常に説得力がある、大切な情報発信だなって思いますね。

吉田　私も当事者研究って、アスリートこそ必要だなって思うことがあって。自分の評価だけじゃなく、人の評価だったり、数字で自分の人生が決まっていったりすることで、大好きではじめたはずのスポーツが大嫌いになっていったり、建物の近くにいくと吐き気がするとか、シューズを見ると悲しくなるとか、アスリートってそういう人多いんだろうなって思いますね。でもやっぱり、当事者研究をして、そういう気持ちにかわいい名前つけてみたりとか。（笑）

そういう風に自分自身を研究することによって、スポーツが自分の人生を豊かにしてくれるひとつのツールであって、いい記録が出たりだとか、夢が叶ったりだとか、優勝したら競技人生が終わりではなくて、せっかくだから次の人生につなげられるような競技生活をしたいなっ

ておもいますね。すごい大切なことだと思っています。まだまだアマチュア研究者なんですけど。（笑）

向谷地　当事者研究が大切にしている理念に、「初心対等」というのがあるんですけど、当事者研究は、毎回、初回のつもりで、発想を新しくしてコツコツと研究を重ねることを大事にしています。吉田さんの素晴らしい研究力と発信力は、当事者研究の世界に新たに「アスリート分野」を開く大切なきっかけになるような気がしていますので、今後ともよろしくお願いいたします。

吉田　こちらこそ、これからも当事者研究のプロフェッショナルのみなさんの力を借りて、カーリング選手としても私らしい人生を作っていきたいと思います。本当にありがとうございました。

あとがき

「今日も、明日も、ずっと問題だらけ」のべてるの歩みは、「今日をどのように生きればいいのか」という尽きることのない日常の不安と葛藤を、「仲間の力」と「語る力」によって「苦労の哲学」として昇華し、さらには、そこから生まれた〝発見〟を「べてるの理念」として大切に受け継いできました。その中でも、「安心して絶望できる人生」は、苦労の積み重ねの中から生まれた究極の理念ということができます。

最近、私がよく使う言葉に「べてるの目標は、いつもべてるです」があります。「安心してサボれる会社づくり」「過疎も捨てたもんじゃない」などという理念を抱きながらも、活動を開始した四十年前（一九七八年）とは比較にならないほど地域は疲弊し、地域密着型の事業の運営を大切にしようと思えば思うほど、やせ細る地域経済の荒波に揉まれ、自分の立ち位置を見失うことも多々ありました。特に、最初の十年間は、ひたすら「転落の一途」をたどり、私も川村敏明先生も、ともに精神科を〝出禁〟になるという事態に遭遇しました。私は病院の〝窓際〟、川村先生は大学の医局に帰局する中で、数日ごとにお互いに電話で近況報告をしあっていました。しかし、不思議なことに私たちは、お互いの現状を嘆いたり、このような事態に追い込んだ相手を非難したりすることもなく、悲嘆を超えるべてるの日常の中に満ちている〝可笑しみ〟を笑いながら、まだ見ぬ未来を語りあっていたことを懐かしく思い出します。それは、私たちの努力や目論見が報われることがなく、誰にも認められることがなくても、〝機嫌よく暮らす〟という経験を私たちにもたらしました。

そのように不確かで、見通しのきかない日々を生きることを可能にするのが「研究する」発想であり営みです。その意味では当事者研究は二〇〇一年にはじまりましたが、それ以前から私たちは、「研究」を続けてきたように思います。そして、この営みを私たちは休むことなく続けていくことでしょう。

今回の「新・安心して絶望できる人生」の企画は、前項でも紹介したように吉田知那美選手との出会いによって生まれたもので、当初は、二〇〇六年に出版（ＮＨＫ出版）され今は絶版になっていた本の復刊という企画でしたが、一麦出版社の西村勝佳氏のご厚意によりこのように新たな形で出版にこぎつけることができました。本当に感謝です。

特に大変お忙しいスケジュールの間をぬってインタビューに協力いただき、その後の原稿チェックなどにも快く応じていただいた吉田知那美さんと、あいだを取りもっていただいた内田梓さん（なかまの杜クリニック）には、突然の企画にもかかわらず快くご協力いただき本当にありがとうございました。これからも「当事者研究と出合ってこれで生きられると思った」（上岡陽江）という研究仲間の言葉に励まされながら、みんなで「当事者研究」という暮らしかたを深め、広げていきたいと思います。

新・安心して絶望できる人生

「当事者研究」という世界

2018年8月3日　第1版第1刷　発行
2023年10月12日　第2版第2刷　発行

定価　[本体1200円+消費税]

著者　向谷地生良　浦河べてるの家

発行者　西村勝佳

発行所　株式会社　一麦出版社
札幌市南区北ノ沢3丁目4—10　〒005-0832
Tel.（011）578-5888
Fax.（011）578-4888
振替　02750-3-27809
URL http://www.ichibaku.co.jp/
携帯 http://mobile.ichibaku.co.jp/

印刷　モリモト印刷株式会社

ISBN978-4-86325-113-7　C0236　¥1200E